Bernhard Maaz

Cranach

in der Gemäldegalerie Alte Meister Dresden

DKV

Bernhard Maaz

Cranach

in der Gemäldegalerie Alte Meister Dresden

Mit englischer und
russischer Zusammenfassung

STAATLICHE
KUNSTSAMMLUNGEN
DRESDEN

DEUTSCHER KUNSTVERLAG

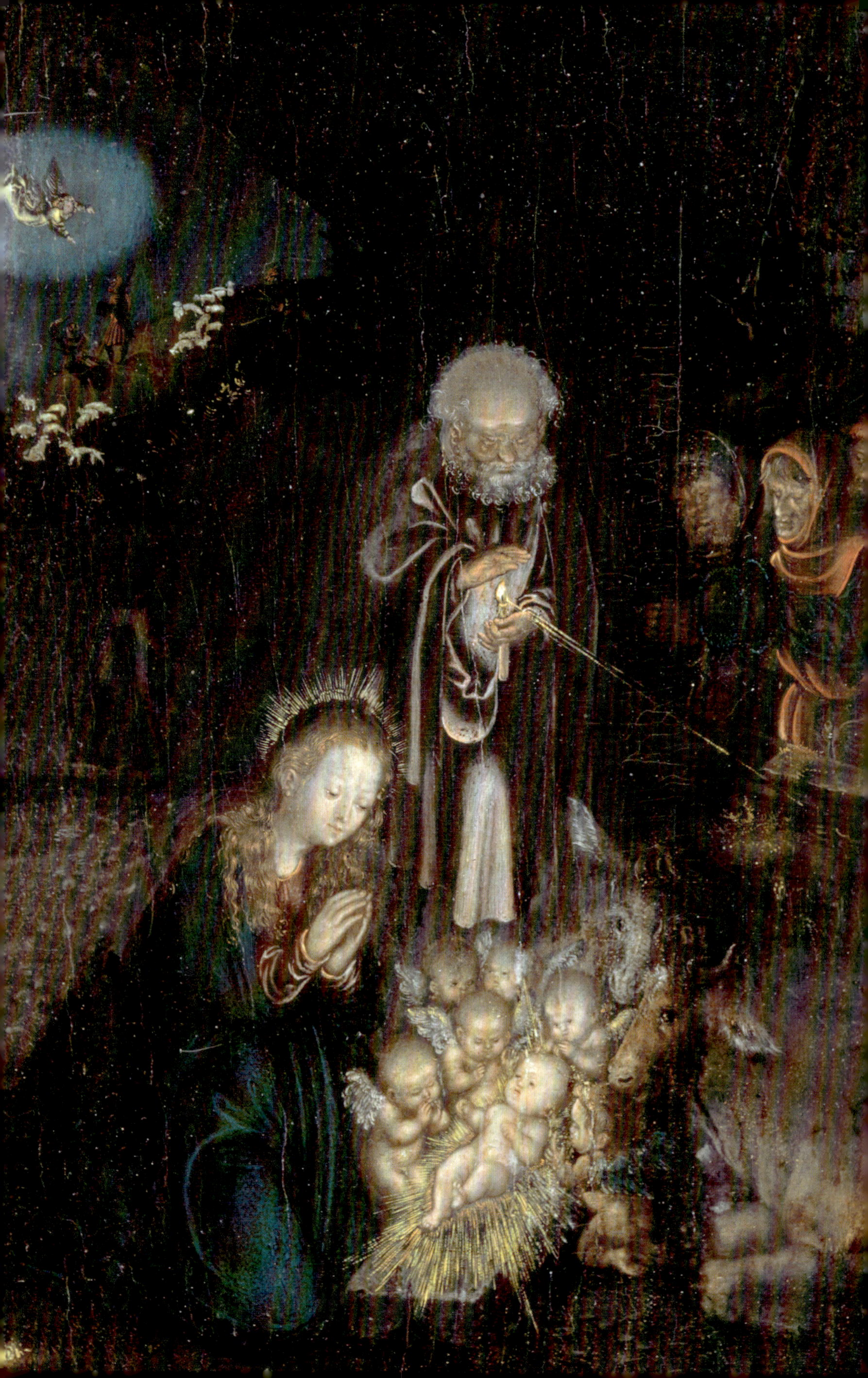

Hymnen auf den Künstler – Vergleichungen mit Dürer und Apelles

»Wer aber kennt nicht Deine Tugenden?«, so fragte ein Zeitgenosse Lucas Cranachs, als der in den Mittdreißigern stehende Künstler schon seinen ersten überregionalen Ruhm erlangt hatte, und fuhr in den 1509 gedruckt erschienenen Elogen hymnisch fort: »Wem wären die außerordentlichen Eigenschaften Deines Herzens entgangen? Wahrlich, wenn ich den einzig[artig]en Albrecht Dürer, meinen Landsmann, dieses unbezweifelhafte Genie, ausnehme, so gewährt [...] nur Dir unser Jahrhundert den ersten Platz in der Malerei.«[1] Christoph Scheurl, der Autor dieser euphorischen Ausführungen, die Cranach zu einem der bedeutendsten Maler jener Jahre stilisierten, sollte recht behalten: Kein anderer Maler erklomm so rasch eine vergleichbare Höhe des Ruhmes. Scheurl huldigte Cranach allerdings nicht nur als einem begnadeten Künstler, sondern – ganz im Geiste einer umfassenden Bewertungsskala – auch dem Menschen. Kunst und Tugend griffen ineinander, und die Kunst diente erstmals und durchaus im humanistischen Sinne der Verkündigung von Tugendidealen sowie der Kritik an tugendwidrigem Verhalten. Sie löste sich von ihren sakralen Bindungen oder ging doch zumindest signifikant darüber hinaus.

Das Bezugssystem der Renaissance vereinte kirchliche Sujets und antike Themen, und diesen beiden Gedankenkreisen verdankte auch Cranach sehr vieles. Man hatte gerade die antike Kunst und Geisteswelt wiederentdeckt, man maß folglich auch die neuzeitliche Kunst an der – zumeist nur literarisch überlieferten – Antike. Cranach wurde von Scheurl gefeiert; dieser zog Parallelen zwischen dem antiken Maler Apelles und dem Zeitgenossen. Jener hatte einst Weintrauben so realistisch gemalt, dass die Vögel herbeiflogen, um sie anzupicken, doch dieser habe nunmehr mit seiner Bildniskunst ähnliches vollbracht: Es »ist wohl das größte Lob, das nur wenigen Sterblichen zuteil wird und das selbst dem Serapion, einem übrigens feinen und korrekten Maler, vorenthalten blieb: Menschen zu malen, und sie so zu malen, daß sie von allen erkannt werden und zu leben scheinen.«[2] Cranach durfte sich, so Scheurls aus Faszination und Elogen gemischte Apotheose, mit Apelles durchaus messen und hatte sich die ihm zufließende Anerkennung reiflich verdient. »Unseren vortrefflichen Fürsten hast Du aber so getreu gemalt, daß nicht einmal, sondern wiederholt die Einwohner von Lochau, wenn sie zum Schloß kamen und durch das Fenster den oberen Teil des Bildes erblickten, mit entblößtem Haupt – wie es Sitte ist – betroffen die Knie beugten.«[3] Die Verehrung des Fürsten und jene des Künstlers, der in seinem Dienste stand, vermischten sich – beiden wurde Ehrfurcht zuteil, beide lebten im Glanze ihrer Einzigartigkeit.

Cranachs Lebensstationen und -weg

Lucas Cranach verkörpert in einer Zeit, da die Künstler in Deutschland noch stark vom Handwerk geprägt und sehr von ihren meist kirchlichen und seltener höfischen oder gar bürgerlichen Auftraggebern abhängig waren, einen künstlersoziologisch interessanten Fall: Die ersten drei Jahrzehnte des 1472 im oberfränkischen Kronach geborenen Sohnes eines Malers liegen im Dunkeln. Erst am Ende der Wanderjahre, die Cranach im Donaugebiet verbrachte und die ihn nach Wien führten, wird seine – von nun an bemerkenswert ausgereifte – Begabung sichtbar. Die in der Berliner Gemäldegalerie befindliche »Ruhe auf der Flucht nach Ägypten« aus dem Jahre 1504 bezeugt seine künstlerische Fähigkeit, Alltagsflair mit Subtilität, Erzählerisches mit Eleganz, groß angelegte Komposition mit fein ausgearbeitetem Detail harmonisch zu verbinden.[4] Im gleichen Jahr erging der Ruf an den soeben jungvermählten Cranach, beim sächsischen Kurfürsten Friedrich III. (genannt Friedrich der Weise), der in Wittenberg seine Hauptresidenz hatte, in Dienst zu treten, was im Folgejahr verwirklicht wurde.

Zunächst konzentrierte sich der Künstler nach seiner Ansiedelung in Wittenberg offenbar auf Druckgraphik, wie denn überhaupt die massenmediale Vervielfältigung von Bildern durch Holzschnitt und Buchdruck seinen weiteren Lebensweg begleiten sollte. Ab 1506 führte er die Schlangensignatur, die sich späterhin zwar im Detail wandelte, die aber dem Wesen nach dauerhaft sein Markenzeichen blieb. Zwei Jahre später erhielt der Maler einen Wappenbrief; man darf davon ausgehen, dass das in erheblichem Maße der Absicht geschuldet war, ihn nicht nur in künstlerischen, sondern auch in diplomatischen Diensten tätig werden zu lassen. Schon 1508 war Cranach unterwegs zum Kaiser Maximilian in den Niederlanden (für den er später Randzeichnungen eines Gebetbuchs im Wettstreit mit Dürer schaffen durfte!), und damals porträtierte er auch Karl V. als Kind: Nobelste Verbindungen, größtes Vertrauen und höchster Ruhm waren erreicht, noch ehe Cranach vierzig Jahre alt war. Den Wettinern blieb er lebenslang verpflichtet und verbunden, und dabei scheinen die Fehden und Konflikte zwischen albertinischer und ernestinischer Linie – die zu unterschiedlichen Zeiten protestantisch wurden – keine gravierende Parteilichkeit seinerseits erzeugt zu haben, denn er belieferte hier wie generell in den verschiedenen Glaubenslagern alle Seiten gleich bereitwillig, also beide wettiner Häuser ebenso wie andere Herrscherhäuser oder auch katholische Auftraggeber. Und Cranach schuf pro-, non- und antireformatorische Werke parallel und verhielt sich damit schlicht wie ein unternehmerisch denkender Künstler, der alle Auftraggeber im wesentlichen ähnlich behandelt und beliefert.[5] Die besonders starke und dauerhaft enge Verbindung zwischen Cranach und den beiden Wettiner Herrscherhäusern ist im übrigen auch die eigentliche Ursache dafür, dass sich heute in Dresden der größte Bestand seiner Werke findet.

Das Erstaunliche aber war, dass dieser Weltreisende und Künstler (Abb. 1) nicht nur Fest- und Schlossdekorationen, Druckgraphik und – verstärkt ab etwa 1515 – Gemälde ausführte, sondern 1513 auch eine Lizenz zum Weinausschank erhielt, ab 1518 Titelblätter zu Martin Luthers Schriften beisteuerte, ab 1519 wiederholt als Ratsmitglied und Kämmerer der Stadt Wittenberg wirkte, als Drucker und Buchhändler in Erscheinung trat und im Jahre 1520 eine Apotheke erwarb. Bei einem solchen Geschäft handelte es sich um einen nicht eben ganz kleinen Betrieb, der – wie später die Kolonialwarenhändler – eine breite und gewinnträchtige Warenpalette offerierte: Gewürz und Konfekt, Zucker und Wachs gehörten zum Luxusgütersortiment. Cranachs Position kann man mit der eines Hoflieferanten vergleichen, der doch zugleich der Bürgerschaft verbunden blieb. In seinem bis heute erhaltenen Anwesen, das ein straßenseitiges Wohnhaus mit einem weiten Hof und mehreren Funktionsbauten verband, florierte die künstlerische Produktion weiterhin. Seit 1515 widmete Cranach sich stärker der Malerei, während zuvor die Graphik dominiert hatte. Immer wieder gehörten auch Entwürfe zu Medaillen, Renn- und Stechdecken sowie Helmzeichen für Ritterturniere, für die halbjährlich wechselnde

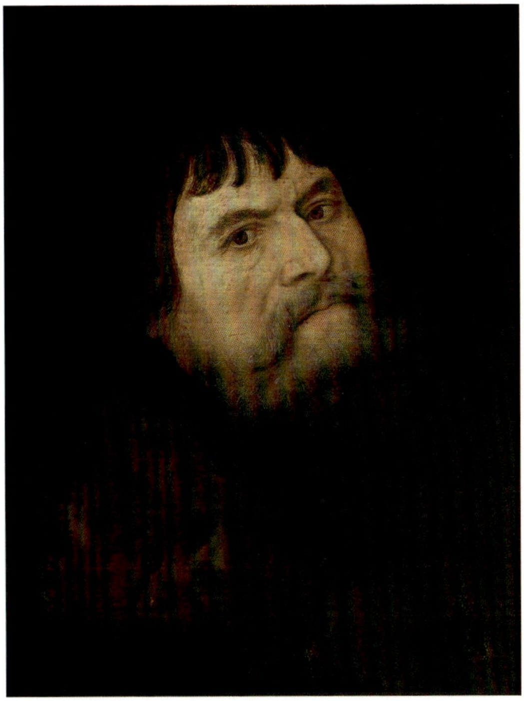

1 Lucas Cranach d. Ä.: Selbstbildnis, 1531, Buchenholz, 45,4 x 35,6 cm. Generaldirektion Kulturelles Erbe Rheinland-Pfalz – Direktion Burgen, Schlösser, Altertümer

Hofkleidung, für Grabmäler und Orgelprospekte und wohl noch vieles ähnliche zu seinen Aufgaben, auch besorgte er für fürstliche Personen Bücher, war also als Agent oder Vermittler tätig, wie dies für damalige Hofkünstler häufiger dokumentiert ist.[6]

Seit den mittleren 1520er Jahren – 1524 hatte Cranach in Nürnberg Albrecht Dürer getroffen – steigerte sich die Produktion von Gemälden, an denen mehr und mehr auch die Werkstatt beteiligt war, ab etwa 1530 mehrten sich dabei die mythologischen Aktdarstellungen,[7] die mit Sujets wie Venus, Nymphen (Abb. 2) oder der Lukrezia (Abb. 3; das Dresdner Exemplar ist verloren) dem humanistischen Grundgedanken entsprachen und die – wie auch andere Darstellungen – teilweise mittels Pausen vervielfältigt, dabei aber oft modifiziert und nur selten ganz stereotyp reproduziert wurden. Mittlerweile war Cranachs Werkstatt »zum größten Betrieb, den je ein deutscher Maler geleitet hat«,[8] ausgebaut worden: Cranach führte ein vielseitiges und dadurch krisenfestes Unternehmen mit einer großen Zahl von differenziert geschulten Mitarbeitern und gehörte zu den einflussreichsten Bürgern nicht nur Wittenbergs, sondern ganz Sachsens. Der Erfolg und sein schon eingangs erwähntes vorteilhaftes Wesen trugen ihm schließlich sogar 1537 und noch zwei weitere Male das Amt des Wittenberger Bürgermeisters ein; und die Tatsache, dass in dieser an der Elbe gelegenen Stadt einer der sieben Kurfürsten – sie durften den deutschen König wählen – residierte und 1502 auch eine Universität gegründet worden war, macht deutlich, welchen hohen Stellenwert dieses Amt einerseits persönlich und dieser Ort andererseits generell hatten.

Die in Wittenberg aufgebrochene und mit Martin Luthers klangvollem Namen verbundene Reformation prägte das Leben des Künstlers Cranach in höchstem Maße. Philipp Melanchthon, der maßgebliche Mitstreiter der Reformation, lieferte dem Maler motivische Anregungen zu protestantischen Werken. Und als nach der Gefangennahme des Kurfürsten Johann Friedrich bei Mühlberg 1547 dieser jahrelang in Augsburg und Innsbruck in der Obhut des altgläubigen habsburgischen Kaisers festsaß, ließ er sich Cranach als einzigen Gesellschafter kommen. Das brachte den Wittenberger Maler schließlich auch noch in Kontakt mit dem italienischen Maler Tizian, dessen katholisch geprägte, höchst vitale und malerische, an Farbnuancen überaus reiche Kunst dem mittlerweile fast achtzigjährigen, von der Graphik herkommenden, dem Protestantismus verpflichteten Deutschen aber offenbar kaum mehr weiterwirkende Impulse zu geben vermochte.

Der mittlerweile seiner Kurwürde verlustig gegangene Herzog Johann Friedrich und der betagte und befreundete Maler kehrten 1552 in den Norden zurück, ersterer wählte Weimar zu seinem neuen Stammsitz, letzterer begleitete ihn dorthin und starb da 1553. Das war zwar das Ende einer enorm produktiven und vielseitigen Lebensbahn, nicht aber das des Ateliers: Lucas Cranach der Jüngere, der schon seit den 1530er Jahren verstärkt in der Werkstatt gewirkte hatte, führte diese bis zu seinem Tode fort, modifizierte die vorhandenen Bildmotive weiter, konnte aber nicht jenen solitären Rang erlangen, der dem Vater zugeflossen war. Gleichwohl haben Forschungen und Zuschreibungsdebatten in der jüngeren Vergangenheit erst erwiesen, wie hoch doch sein Anteil an der Gesamtproduktion der Künstlerfamilie Cranach gewesen ist.

Das Nachleben Cranachs und die Zukunft des Bestandes

Die 2005 publizierten, sehr umfangreichen und sorgfältigen Recherchen von Karin Kolb, denen auch weite Teile des nachfolgenden Katalogteils verdankt werden, haben unter anderem die Fülle derjenigen Werke zutage gefördert, die sich im Verlaufe von fast fünf Jahrhunderten im Besitz der albertinischen Wettiner, namentlich im Besitz der Dresdner Sammlungen wie der Kunstkammer und der Gemäldegalerie, befanden.[9] Aus jenen Untersuchungen wird ersichtlich, dass der Dresdner Bestand aus dem Werkstattnachlass des jüngeren Cranach bereichert, jedoch aus vielen Quellen und mit nur noch teilweise nachvollziehbaren Zugängen genährt und dass er im Verlaufe der Jahrhunderte vielfachen Zu- und Abgängen unterworfen war. Von den 169 im Laufe der Zeit hier befindlich gewesenen Gemälden sind heute noch 65 Werke vorhanden, die meisten davon in der Gemäldegalerie Alte Meister. Von diesen vereinigt das vorliegende Buch den größten Teil und bespricht sie für ein weites Publikum, wobei auch verdeutlicht werden soll, wie seine Werke in der Vergangenheit weiter- und nachwirkten, da dieses Nachleben die Aktualität durchaus zu spiegeln vermag.

Noch im 19. Jahrhundert – obgleich schon Quandts große Leipziger Cranach-Entdeckung von 1815 richtungweisende Wirkung hatte[10] und mit den auf altdeutsche Malerei gerichteten Sammlungsbestrebungen der Brüder Sulpiz und Melchior Boisserée übereinstimmte –, noch in dem Jahrhundert des Historismus also kam es seitens der Dresdner Sammlungen zu Abgaben von Werken Cranachs, da deren Erhaltungszustand teilweise ungenügend erschien und weil die Wertschätzung für diesen Maler gerade in Zeiten strenger akademischer Normen generell schwankte und Cranach im Schatten Dürers stand.[11] Erst als Karl Woermann, der damalige Direktor des Kupferstich-Kabinetts und der Gemäldegalerie, 1899 im Rahmen der Deutschen Kunst-Ausstellung in Dresden eine außerordentlich umfangreiche und gut vorbereitete Sonderschau mit Arbeiten Cranachs veranstaltete, verkörperte dies den entscheidenden und innovativen Versuch einer fachlich konsolidierten Bilanz über Echtheitsfragen und Zusammenhänge. Schon damals war evident, dass die Dresdner Sammlungen zu diesem Thema eine singuläre und facettenreiche Kollektion boten. Es gibt – abgesehen von den verschiedenenorts präsentierten Werken der Bayerischen Staatsgemäldesammlungen München – weltweit keine größere Cranach-Sammlung als die der Dresdner Galerie, zu der noch einige Werke in der Rüstkammer hinzu-

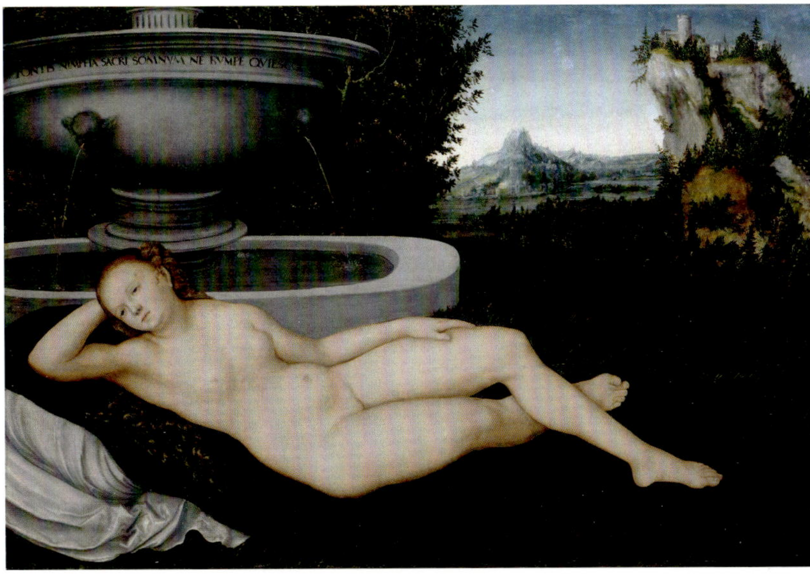

2 Lucas Cranach d. Ä.: Quellnymphe, um 1515/20, Lindenholz, 58,2 x 87,1 cm. Stiftung Preußische Schlösser und Gärten Berlin-Brandenburg

kommen.[12] Bedeutung und Umfang des Dresdner Bestandes sind selbst heute allerdings allenfalls der Fachwelt bekannt, weil seit jeher diesen Werken ein dauerhaftes Domizil zur öffentlichen Präsentation fehlt und weil man diese Werke nicht zuungunsten italienischer oder niederländischer Werke in den Galerieräumen unterbringen mochte und möchte. Die Perspektive muss daher sein, dass man in einem künftigen Erweiterungsschritt der Gemäldegalerie Präsentationsräume hinzugewinnt, die diesem singulären Bestand gewidmet sein werden und ihn nicht aus dem Kontinuum der Kunstgeschichte ausgliedern.

Die verdienstvolle Cranach-Ausstellung Woermanns, die er durch mehrjährige Forschungen und Studienreisen vorbereiten konnte,[13] wurde zu einer Bilanz der Cranach-Forschung, regte aber zugleich auch zu differenzierterer Betrachtung an: Er »wollte zunächst ein zusammenhängendes und richtiges Bild vom Kunstschaffen eines tüchtigen, ehrlich deutschen Meisters der ersten Hälfte des 16. Jahrhunderts geben«,[14] wobei – wie es im Zeitalter Richard Wagners, Stefan Georges und Friedrich Nietzsches nicht verwunderlich ist – die Genialität, Ingeniösität und Individualität im Vordergrund standen, nicht so sehr der Werkstattbetrieb als manufakturelle Kunstproduktionsstätte. Im Vorwort des so unscheinbaren wie konstruktiv-kritischen Kataloges benannte Woermann dann die Ziele der Ausstellung noch genauer: Es ging ihm um die Echtheitsdiskussion auch einer »Reihe zweifelhafter und umstrittener, deswegen künstlerisch aber zum Teil nicht minder anziehender Werke«[15]. In einer heute schwerlich vorstellbaren, für die damalige Diskussion dennoch reizvollen Entschiedenheit bezog Woermann nicht nur Photographien unerreichbarer Leihgaben – darunter nicht transportable Altäre wie jener aus Weimar – ein, sondern auch qualitativ hochstehende Faksimiles wie Reichsdrucke, während in klug konzertierter Aktion Max Lehrs im Dresdner Kupferstich-Kabinett die Zeichnungen und Gouachen Cranachs – ein damals noch nicht durch die gewichtigen Kriegsverluste geschmälerter Bestand – zeigte.

Die Bedeutung dieser (Doppel-)Ausstellung ermisst man erst, wenn man einen der ›Päpste‹ der Kunstgeschichte und -kritik aus den Jahrzehnten um 1900 vernimmt, nämlich Richard Muther, der zunächst Cranachs Kunst ex negativo kritisierte: »Pastorenhaftes Salbadern, spießbürgerliche Nüchternheit oder gezierte Glätte – das schien die Note von Cranach.«[16] Dramaturgisch gewandt fährt Muther, ein feuilletonistisch gewandter Kunstschriftsteller gründerzeitlichen Zuschnitts, dann fort, als ziehe er den Vorhang beiseite: »Da war vor einigen Jahren eine Ausstellung in Dresden, die viele in Privatbesitz und kleinen Galerien zerstreute Werke vereinigte. Und seitdem weiß man, daß Cranachs Ruhm ein wohlberechtigter ist.«[17] Wenn Muther trotz seiner sinnlich ausgerichteten Kunstauffassung dieses Urteil ausgehen ließ, so erahnt man, welche immense Wirkung die Dresdner Ausstellung auf die Fachwelt hatte. Das versteht man freilich besonders gut vor dem fachgeschichtlichen Hintergrund, dass in den Jahrzehnten zuvor etwa mit dem Holbein-Streit oder mit den von Giovanni Morelli und anderen Gelehrten geführten Echtheits- und Zuschreibungsdiskussionen gerade der Dresdner Galerie eine besondere Bedeutung für derartige kunsthistorische Debatten zukam.

In den Jahren nach 1900 waren dann in der Dresdner Gemäldegalerie zahlreiche Werke Cranachs dauerhaft präsent; der 1908 verlegte Katalog führt sie – einschließlich einiger bis heute sehr fühlbarer Kriegsverluste wie etwa »Lukretia« und »Judith« – alle auf, verbunden mit Umzeichnungen der Monogramme und mit hilfreichen Kurztexten.[18] Die etwa fünfzig Werke von Vater und Sohn Cranach und aus der Werkstatt verfehlten ihre Wirkung nicht; es war eine suggestive Kollektion, wie – was nur prima vista erstaunen lässt – sogar die Künstler der Brücke bekräftigen mögen. In der »Chronik der Künstler-Gemeinschaft Brücke« notierte Ernst Ludwig Kirchner 1913: »Dresden gab aber durch die landschaftlichen Reize und seine alte Kultur viel Anregung. Hier fand ›Brücke‹ auch die ersten kunstgeschichtlichen Stützpunkte in Cranach, Beham und anderen deutschen Meistern des Mittelalters.«[19] Im Atelier Otto Muellers – der sich bekanntlich auf weibliche Akte in arkadisch-archaischer Schlichtheit konzentrierte – hing bezeichnenderweise eine Reproduktion von Cranachs Venus, von einem Kunstwerk, das auch Erich Heckel, Ernst Ludwig Kirchner und Max Pechstein geschätzt haben.[20] Diese Wertschätzung war nicht nur von Reproduktionen, sondern durchaus von Originalkenntnis genährt. Lothar-Günther Buchheim, der Expressionisten-Sammler, berichtete (mit allerdings irriger Institutionsbezeichnung), Heckel habe erzählt, »daß ihn in der Frühzeit von Brücke die Bilder Cranachs, Vermeers und Poussins in der Dresdner Staatsgalerie tief beeindruckt hätten«.[21] Diese Geistesverwandtschaft moderner Künstler zu Cranach, die sich bekanntermaßen bis zu Picasso[22] und Giacometti[23] fortschrieb, hatte ihre Wurzel in der mentalen Geradheit Cranachs, in seiner Affinität zu künstlerischer Unverstelltheit, in seiner zuweilen archaisch anmutenden Unbefangenheit.

Doch auch rein künstlerische Mittel hatten für die Generation der Expressionisten eine markante Attraktivität: Als Max Beckmann im Ersten Weltkrieg nach Brüssel kam und dort das Museum besuchte, resümierte er – was am Orte der schönsten Altniederländer-Sammlung überraschend erscheint – folgendermaßen: »Der intensivste Eindruck war aber wohl ein wunderbares Porträt von Cranach. Ein Mann mit schräg stehenden Augen, Bart und Pelz gegen eine leere Wand«.[24] Natürlich war für Beckmann, der als (freiwillig angetretener) Sanitäter alsbald unsäglich unter den brutalsten Kriegserfahrungen litt und in jenem Jahr 1915 in Belgien einen Nervenzusammenbruch erfuhr, ein solches Bild auch sehnsuchtsbeladener Stellvertreter der Heimat. Aber die expressive Deformation und die existenzielle Isolation in dem Bildnis, die er mit wenigen Worten beschrieb, trafen seinen Sensus zutiefst. In welchem Maße Beckmanns spätere Werke von der Wahrnehmung der Kunst Cranachs (und seiner Zeit) geprägt waren, ist vielleicht noch nicht vollständig geklärt; dass er aber eine enorme Geistesverwandtschaft zu jener Epoche empfand, verwundert angesichts seiner »Kreuzabnahme« von 1917 nicht, und für das »Frauenbad« von 1919 sind die Querbezüge zu Dürer längst eindeutig erhellt worden.[25]

Als kaum zwei Jahrzehnte später die nationalsozialistische Kunstpolitik gegen die »entartete« Kunst vorging, wurde ausgerechnet die altdeutsche Malerei argumentativ ins Feld geführt, auf die doch die

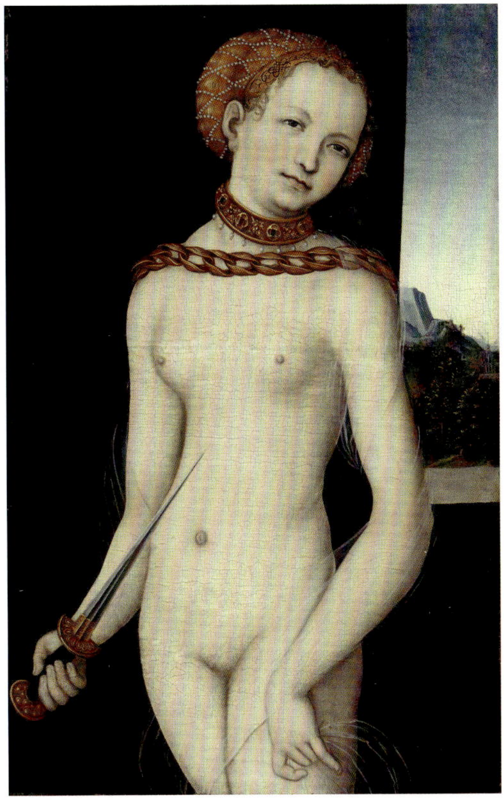

3 Lucas Cranach d. Ä.: Lukretia, 1529, Buchenholz, 56,6 x 38,2 cm. Stiftung Preußische Schlösser und Gärten Berlin-Brandenburg

Expressionisten ihrerseits sich ausdrücklich bezogen hatten. Der an der Dresdner Kunstakademie tätige, damals gerade zum Rektor berufene Graphiker Richard Müller argumentierte im Dresdner Anzeiger 1933 – also zu früher Stunde – anlässlich der ideologisch motivierten Ausstellung »Spiegelbilder des Verfalls in der Kunst«: »Wenn ein Volk wie das deutsche über Vorbilder wie Holbein, Dürer, Cranach, Menzel, Leibl, Klinger […] verfügt, dann sollte es nicht schwer sein, nach einer Zeit tiefsten Niederganges festen Boden unter den Füßen zurückzugewinnen«.[26] Als einem traditionellen handwerklichen Ethos verpflichteter Graphiker mochte er dabei zwar die kunsttechnischen Aspekte stark in den Fokus genommen haben, doch letztlich wandte sich seine Kritik eben gegen die Phänomene des »Verfalls«, also gegen den Expressionismus und die jüngeren Strömungen. Es mochte kein Zufall sein, dass die Berliner Museen im selben Jahr, als der nationalsozialistische Staat die »entartete« Kunst aus den deutschen Museen entfernen ließ, Lucas Cranach eine Ausstellung widmeten: Hier verpflichtete nicht ein Jubiläum, sondern hier wurde die altdeutsche Kunst als ästhetisches Normativ und die deutsche Tradition als identifikationsstiftend heraufbeschworen.

Die neusachliche Malerei sowie vereinzelte Vorläufer wie Karl Haider – dieser bereits vor dem Ersten Weltkrieg[27] – bezogen sich ihrerseits auf Cranach und die Altdeutschen, so etwa Otto Dix und Georg Schrimpf, wobei es ihnen auf die Wiederbelebung einer unverfälschten, von artifiziellen Attitüden

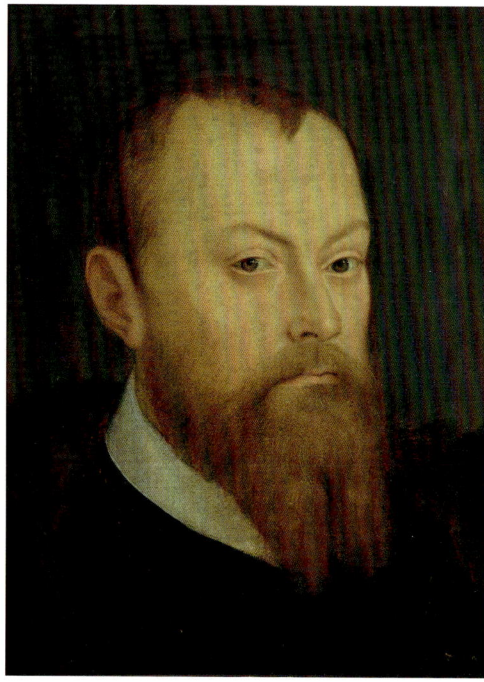

4 Lucas Cranach d. J.: Kurfürst Moritz von Sachsen, um 1550, Papier auf Pappe auf Fichtenholz, 40,5 x 32,5 cm. Staatliche Kunstsammlungen Dresden, Gemäldegalerie Alte Meister, Gal.-Nr. 1948

freien Weltsicht, auf eine stets gradlinig zupackende Sach- und Menschenschilderung ankam. Der Direktor der Berliner Gemäldegalerie, Ernst Heinrich Zimmermann, unternahm im Frühjahr 1937 im Nordflügel des heutigen Pergamonmuseums, des damaligen Deutschen Museums, eine umfangreiche Cranach-Ausstellung, die unter die Schirmherrschaft von Hermann Göring gestellt wurde und die seit der Dresdner Ausstellung von 1899 das erste solche Unterfangen darstellte: Der Vorworttext merkt an, Cranachs Œuvre jenseits des Frühwerks werde »zumeist einer Beurteilung unterzogen, die von einer gönnerhaften Überheblichkeit«[28] sei. »Daher war es dringend notwendig, die ungeheure Lebensleistung Cranachs und seine stilbildende Kraft eindringlich vor Augen zu führen«; um schließlich in die kunsthistorisch – und nicht ideologisch – argumentierende Betrachtung zu münden: »Noch ungünstiger war bisher die Beurteilung Lucas Cranachs des Jüngeren. Daher wurde besonderes Gewicht darauf gelegt, in der Ausstellung seine Hauptwerke zu zeigen«, um letztlich »seine Bedeutung selbst denjenigen zu beweisen, die zwar den Vater gelten lassen, aber auf den Sohn herabsehen.«[29]

Als etwas später im gleichen Jahr 1937 die erste Dresdner Museumswoche veranstaltet wurde, trug Hans Posse, der Direktor der Gemäldegalerie, hierfür – vielleicht als Antwort auf die vorangegangene Berliner Ausstellung – eine Präsentation von Cranach-Bildern bei, die einen großen Erfolg verzeichnete. In deren Nachgang folgte 1938 auch eine umfassendere Präsentation unter Einbeziehung altdeutscher Kunst, wenngleich der schöne Plan einer Galerieerweiterung für diese Bestände sich nicht verwirklichen ließ und obwohl sich eine gewisse Übereinstimmung in Geschmacksfragen zwischen Posse und Adolf Hitler, der die Galerie in jener Zeit besuchte und eng mit Posse zusammenarbeitete, bestand, die dem Vorhaben hätte dienlich gemacht werden können.[30]

Die freilich nur vermeintlich bestehende Einfachheit des Zugangs zu Cranachs Werken machte seine Kunst immer attraktiv für Künstler und Publikum – und auch für kunstpolitische und sogar für ideologische Debatten. Wo immer realistische Aspekte in der Kunst dominierten – und sei es auch bei Picasso, der sich damit in Opposition zur Abstraktion fand –, da eignete sich Cranach aufgrund seiner Omnipräsenz und seiner leichten Zugänglichkeit zur Inanspruchnahme. Allerdings wirkten dabei namentlich in der DDR, wo sich ein Großteil der Werke Cranachs befand, selektive Wahrnehmungsmechanismen. Heinz Lüdecke leitete noch 1974 seine populäre Cranach-Monographie mit der These ein, die »Bürger des deutschen Arbeiter-und-Bauern-Staates« seien »die Erben der gesamten nationalen Überlieferung, die mit dem nicht ganz kongruenten Namen ›deutsche Renaissance‹ bezeichnet« werde, aber Altdorfer, Dürer und Grünewald träten doch zurück, denn Cranach »steht ihnen besonders nahe«:[31] Es sind freilich narrative, bodenständige und bürgerliche Elemente in der Kunst Cranachs, die sein Œuvre immer leicht zugänglich machten. Trotz dieser hohen Popularität ging man freilich zuweilen den ikonographischen Fragen aus dem Weg, wie der vielfach nachaufgelegte Katalog der Dresdner Galerie um 1960 erkennen ließ: Cranachs Katharinenaltar »mit dem schönen und vertraut anmutenden Landschaftshintergrund zeigt seine Art am vorteilhaftesten«[32] (S. 18–21). Damals war nur eine kleine Auswahl von Werken Cranachs in der Galerie zu sehen. Die Scheu im Umgang mit der christlichen Bildwelt (Abb. 5) wie auch mit den dynastischen Traditionen Deutschlands (Abb. 6) mag in der DDR den Verzicht auf manches Motiv bedingt haben, doch Raumnot tat ein übriges, und so wurde ein Gutteil der Dresdner Sammlung – darunter sowohl die Herkulestafeln als auch die christlichen Themen – seit 1972 von den Weimarer Kunstsammlungen im dortigen Schloss gezeigt.

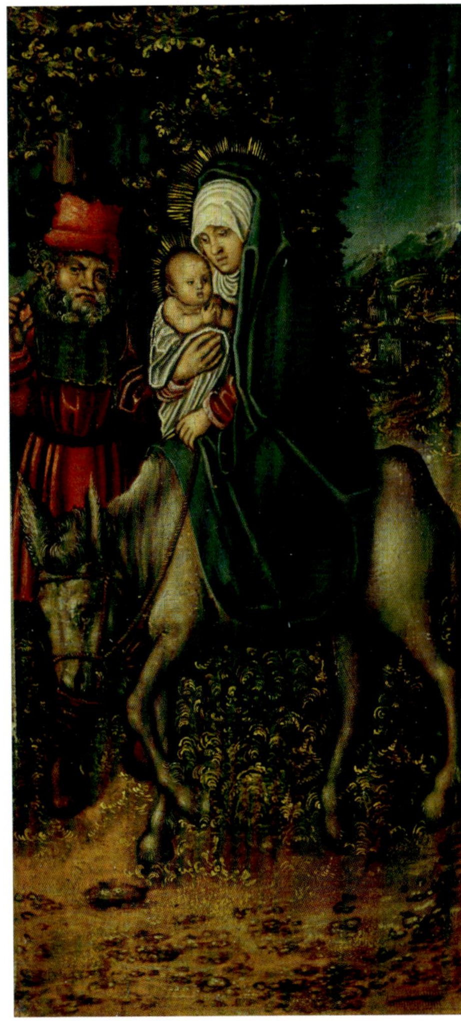

5 Lucas Cranach d. Ä., Werkstatt: Flucht nach Ägypten, um 1515, Lindenholz, 28 x 13 cm. Staatliche Kunstsammlungen Dresden, Gemäldegalerie Alte Meister, Gal.-Nr. 1932 AA

Überblickt man heute den gesamten, hier in seinen wesentlichen Teilen vorgestellten Bestand, so wird offensichtlich, wie wichtig es wäre, dass diese einzigartige Gesamtheit künftig in einem Zwingerflügel im unmittelbaren Kontext der Sempergalerie vereinigt gezeigt werden kann: Diese Werke mit ihren elementaren menschheitlichen Themen und ihrer künstlerischen Eigenständigkeit haben für die Malerei vom 16. bis zum 20. Jahrhundert große, wechselnde Bedeutung gehabt. Sie wurden von verschiedensten Generationen unter jeweils wechselnden Blickwinkeln wahrgenommen, woran man ihre

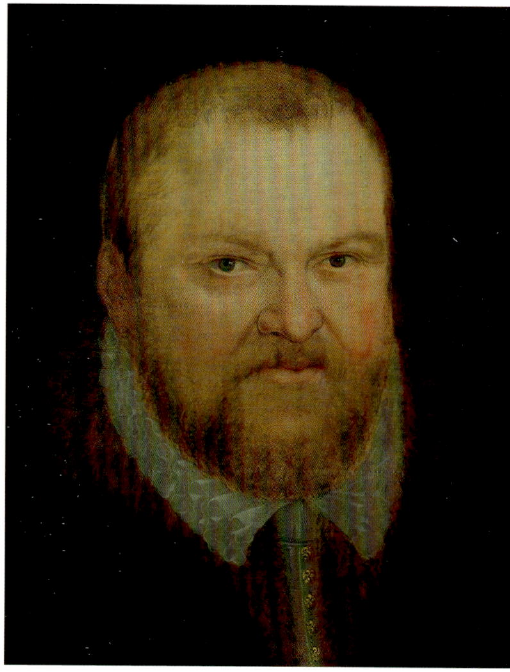

6 Lucas Cranach d. J.: Kurfürst August von Sachsen, um 1564, Papier auf Pappe auf Fichtenholz, 40,5 x 32,5 cm. Staatliche Kunstsammlungen Dresden, Gemäldegalerie Alte Meister, Gal.-Nr. 1947

vielfältige Anregungskraft ermessen kann. Der Künstler ist in den letzten Jahren durch zahlreiche Ausstellungen – darunter jüngst in Berlin »Cranach und die Kunst der Renaissance unter den Hohenzollern«[33] sowie Ausstellungen in Brüssel, Paris und Rom – einem weiten aufgeschlossenen Publikum zugänglich gemacht worden; der Zuspruch zeigte, welch großes Interesse an dieser Epoche und diesem Künstler herrscht – und dass sich das auf die Frage nach der Künstlerpersönlichkeit Cranachs d. Ä. ebenso richtet wie auf die religionsgeschichtliche Umbruchphase der Reformation, auf den intellektuellen Geist des Humanismus oder auch auf die Fragen der produktiven Werkstattpraxis im Hause der Cranachs.

Die Dresdner Werke von Lucas Cranach d. Ä. und d. J. und aus ihrem direkten Umkreis bilden einen singulären Schatz und dürfen dem Publikum nicht vorenthalten bleiben, sondern müssen innerhalb des kunsthistorischen Kontinuums gezeigt werden, das sich anhand der Gemälde von Jan van Eyck über Rembrandt und Rubens bis hin zu Anton Graff und Anton Raphael Mengs in dieser Gemäldegalerie so einzigartig konzentriert entwickelt.

Die Werke

Lucas Cranach d. Ä., Werkstatt

Dreifaltigkeit, um 1516/18

Lindenholz, 36 x 77,2 cm

Gal.-Nr. 1932 C

Zahlreiche mittelalterliche Altäre wurden von der Darstellung der Dreifaltigkeit bekrönt, da sich hierin einer der höchsten (und abstraktesten) Glaubenssätze der christlichen Theologie versinnbildlicht, nämlich die Unauflösbarkeit der Trinität von Vater, Sohn und heiligem Geist, also von göttlichem Prinzip, seiner menschlichen Verkörperung in der Gestalt Jesu Christi – er ist Gottes- und zugleich Menschensohn – und dem Wirken des heiligen Geistes, der als Taube dargestellt wird. Auch Cranachs relativ kleine Bildtafel lässt sich – ähnlich wie jene Altarbekrönungen – als oberer Abschluss für ein darunter plaziertes Werk vorstellen, und da die seitlichen Zwickel unbemalt sind, waren sie vermutlich ursprünglich durch Elemente der mittlerweile fehlenden architektonischen Rahmung überdeckt.[34]

Die Dreifaltigkeit transportiert zwar traditionelle und abstrakte Glaubenssätze der (katholischen) Kirche, macht sie aber doch sinnreich und sinnlich anschaulich, indem Gottvater in strenger, erhabener und etwas entrückter Frontalität gegeben ist, während auf der einem Zepter gleich gehaltenen kristallenen (Welt-)Kugel die Taube mit willig schlagenden Flügeln zur Verkündigung bereitsteht und Christus am Kreuz präsentiert wird. Der Kreuzstamm ragt bis an den unteren, ehemals vom Rahmen abgedeckten Rand heran und macht solchermaßen sichtbar, dass die Leidensgeschichte Christi zwischen göttlich-himmlischer Sphäre und menschlich-irdischer Welt, zwischen Gott und den Menschen vermittelt. Bei einer ähnlichen Version in der Bremer Kunsthalle erstreckt sich zu Füßen der Dreifaltigkeit eine weite Landschaft und wird der Bezug auf das irdische Leben somit noch deutlicher.[35]

Die Trinität wird durch eine regenbogenfarbige Gloriole eingefasst, die das göttliche Licht versinnbildlicht, während Engel als die Mittler Gottes einen lobpreisenden und anbetenden Zirkel bilden. Beides, Licht und Engel, dient der anschaulichen Darstellung des Immateriellen – und die hingehauchte Malerei der Engel erinnert nicht zufällig an Raphaels Sixtinische Madonna, die nur wenige Jahre vor Cranachs Gemälde entstand, ihm aber sicher nicht bekannt war: In beiden Fällen zielt die Kunst auf Sichtbarmachung des Unsichtbaren, auf Weihe, Würde und Transzendenz.

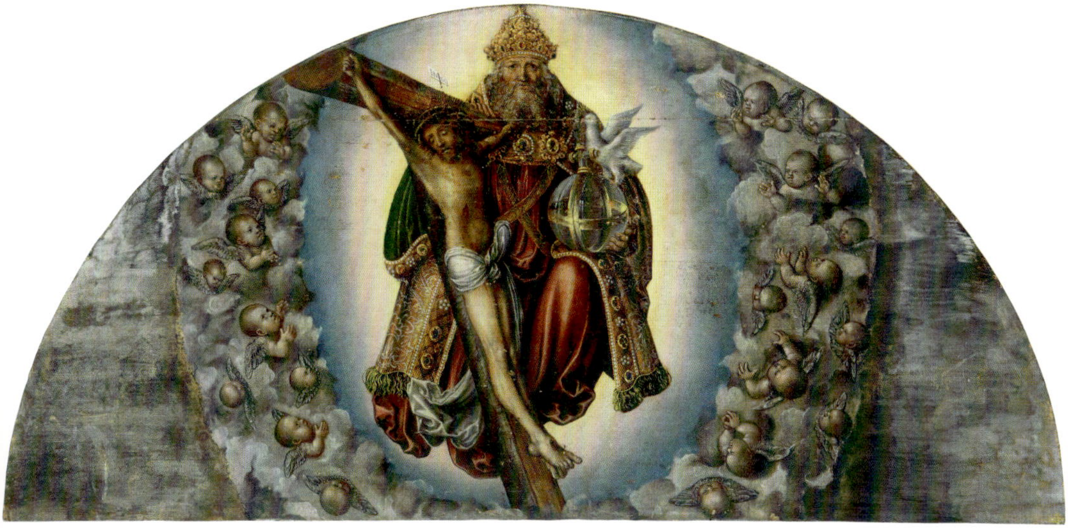

Lucas Cranach d. Ä.

Katharinenaltar, 1506

Lindenholz, 121,4 x 64 cm (links: Hl. Dorothea, Hl. Agnes und Hl. Kunigunde), 127 x 139,5 cm (Mitte: Das Martyrium der Hl. Katharina), 124,5 x 66 cm (rechts: Hl. Barbara, Hl. Ursula und Hl. Margarethe)

Gal.-Nr. 1906 BB (links), A (Mitte) und B (rechts)

Als Heinrich von Kleist im Jahre 1800 den Altar der Zwickauer Katharinenkirche sah, der um 1510 in der Cranach-Werkstatt entstanden war und die Mitteltafel mit der Fußwaschung Christi mit Bildnissen der Wettiner Johann und Friedrich und mit Heiligen auf den Flügelinnenseiten verbindet, fasste er seinen Eindruck pointiert zusammen: »Ein Stück von Lucas Cranach mit Meisterzügen, aber ohne Plan und Ordnung«.[36] Dieser Brief des Dichters an Wilhelmine von Zenge vom 4. und 5. September spiegelt die Ambivalenz der Wahrnehmung Cranachs in jener Zeit. Es wäre Kleist vor dem Dresdener Katharinenaltar[37] kaum anders ergangen: Er hätte einerseits die Fülle der Bildelemente als verwirrend und die Ausführung andererseits als superb empfunden.

Dieser erst vor wenigen Jahren wieder um seinen zweiten Flügel bereicherte Altar befand sich ursprünglich in der Wittenberger Schlosskirche,[38] wurde noch im 16. Jahrhundert durch den Maler Daniel Fritsch zweimal kopiert (heute in Wörlitz im Gotischen Haus und in Berlin in der Dorfkirche Alt-Tempelhof) und verrät schon durch solche Begleitumstände, welche Wertschätzung ihm zuteilwurde. Allerdings erfuhr das noch unsignierte Werk – die bekannte Schlangensignatur wurde erst in jenem Jahr 1506 eingeführt – widersprüchliche Zuschreibungen, so an Martin Schongauer, Hans Holbein d. Ä. und Hans Baldung Grien, was freilich in jedem Falle klangvolle Namen sind, die zeigen, dass die Qualitäten des Altars durchaus erkannt wurden, wenn auch die Zuordnung zu Cranach schwerfiel. Dies lag nun daran, dass sein malerisches Frühwerk sehr verstreut und nicht sonderlich groß und daher wenig bekannt war.

Der Altar zeigt auf den Seitenflügeln jeweils drei Heilige: Es sind einmal die Hl. Barbara mit Kelch als die Schutzheilige der Sterbenden, die Hl. Ursula mit Pfeil (durch den sie getötet wurde, als sie sich weigerte, die Gemahlin eines Hunnenkönigs zu werden) und die Hl. Margarethe, die in Gefangenschaft und Folter geriet und den Teufel, der hier in Drachengestalt gegeben ist, in die Flucht jagte, indem sie ein Kreuz schlug. Im Hintergrund scheint die Veste Coburg auf, die zum Territorium der Wettiner gehörte und somit eine zeitlich-örtliche Vergegenwärtigung der Heiligen bezweckt. Auf dem anderen Flügel findet man Dorothea mit einem Kind, das ihr der Legende nach Äpfel aus dem Paradies reicht, Agnes mit Lamm als Verweis auf die Auferstehung Christi, da er ja als Lamm Gottes gilt, und die Hl. Kunigunde, die, des Ehebruchs bezichtigt, dank ihrer Festigkeit im Glauben unbeschadet über glühende Pflugscharen lief. Diese stringente Auswahl von ausschließlich weiblichen Heiligen – in der reich ausgestatteten Wittenberger Kirche befanden sich von ihnen allen jeweils auch Reliquien[39] – setzte sich auf den Flügelaußenseiten, die sich heute in der National Gallery in London befinden, fort, wo man die Heiligen Genoveva, Apollonia, Christina und Ottilia findet.

Im Zentrum steht das Martyrium der Hl. Katharina von Alexandrien, einer im 4. Jahrhundert aufgewachsenen und dezidiert in den freien Künsten ausgebildeten Königstocher. Sie verkörperte einen so hohen Bildungsstand, dass sie imstande war, mit zahlreichen heidnischen Gelehrten über das Christentum zu debattieren – und sie zu ihrem christlichen Glaubensbekenntnis zu bekehren. Da sie auch die Kaiserin zum Glaubensübertritt bewegte, ließ ihr Vater sie enthaupten, nachdem der erste Tötungsversuch mittels eines Rades scheiterte, weil dieses zerbrach und der Scharfrichter von Steinen, die vom

Himmel herabfielen, erschlagen worden war. Katharina, die seit dem 13. Jahrhundert meistverehrte Heilige, war aufgrund der in ihrer Vita überlieferten Disputation die bevorzugte Schutzheilige der Gelehrten, Lehrer und Philosophen, der Universitäten und der freien Künste, ja sie war recht eigentlich eine oder geradezu die zentrale Patronin der Humanisten.

Cranach erhebt bei dieser Tafel in Zuspitzung der literarisch dokumentierten Heiligenvita die Natur zur Mittlerin göttlicher Mächte. Er lässt in dramatischer Verdichtung dunkle Wolken aufziehen, Blitz und Steine herabfahren, und er entwickelt gleichsam ein dramatisches Schauspiel. Kostüme und Lokalität – vermutlich handelt es sich bei der Burg im Hintergrund um die Wettiner-Residenz Lochau[40] nahe der Elbe – aktualisieren und verorten die über tausend Jahre alte Heiligenlegende. Die mustergültige Bildung der Katharina und ihre Standhaftigkeit im Glauben erweisen sich als christlich motivierte Tugenden, die auch jenseits höfischer Abkunft für die Zeitgenossen Cranachs vorbildhaft sein sollten. Die von Kleist an anderer Stelle bewunderten »Meisterzüge« aber erstrecken sich auf die Landschaft ebenso wie auf die kostbar ausgearbeiteten und differenzierten Gewänder, ja sogar auf die fein differenzierten Gesichtszüge der glaubensfesten Frauen und der Zeugen des göttlichen Ratschlusses, der die Personen trifft, die bei der Räderung und Enthauptung anwesend sind und in ein verwirrtes Durcheinander gestürzt werden.

Katharinenaltar, Ausschnitt

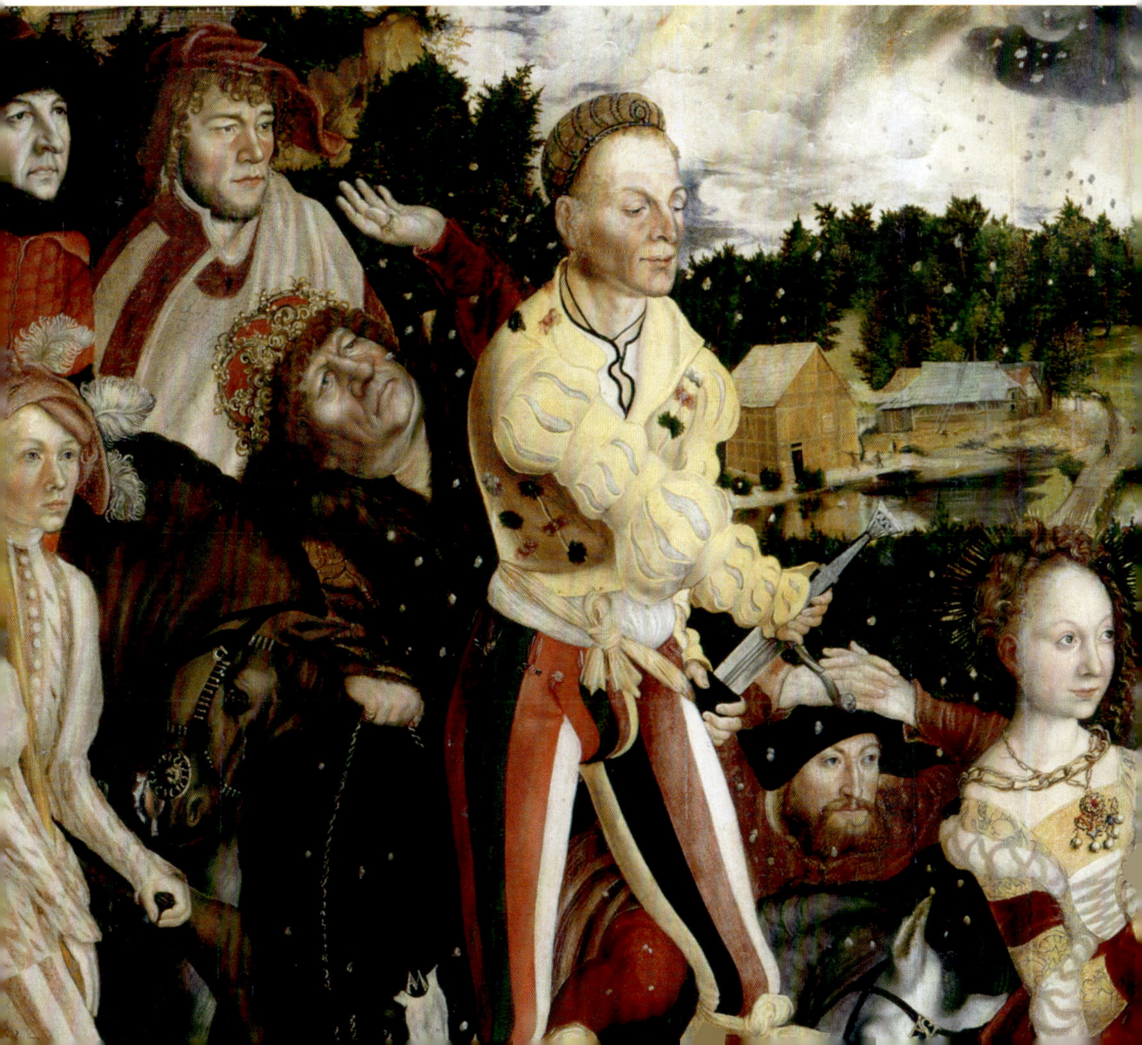

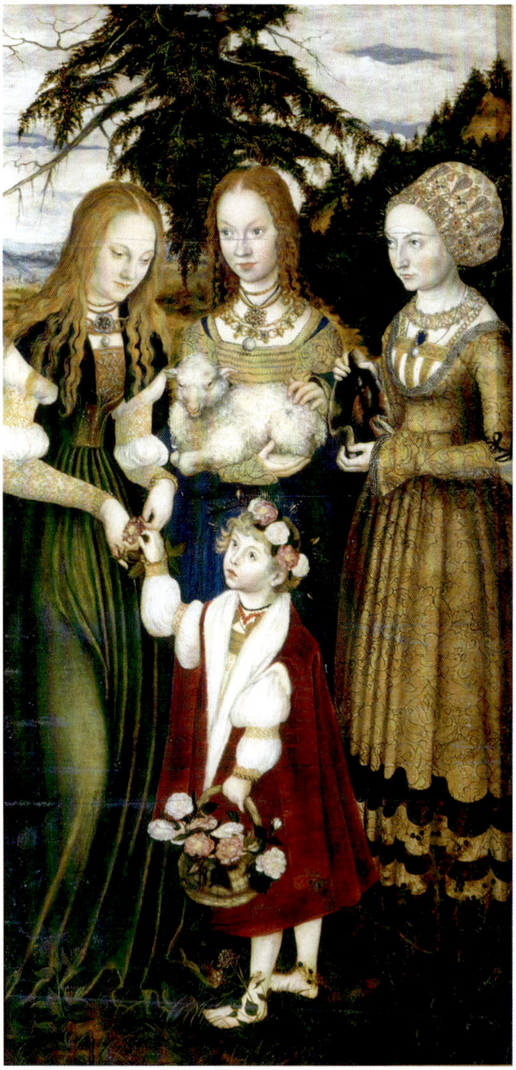

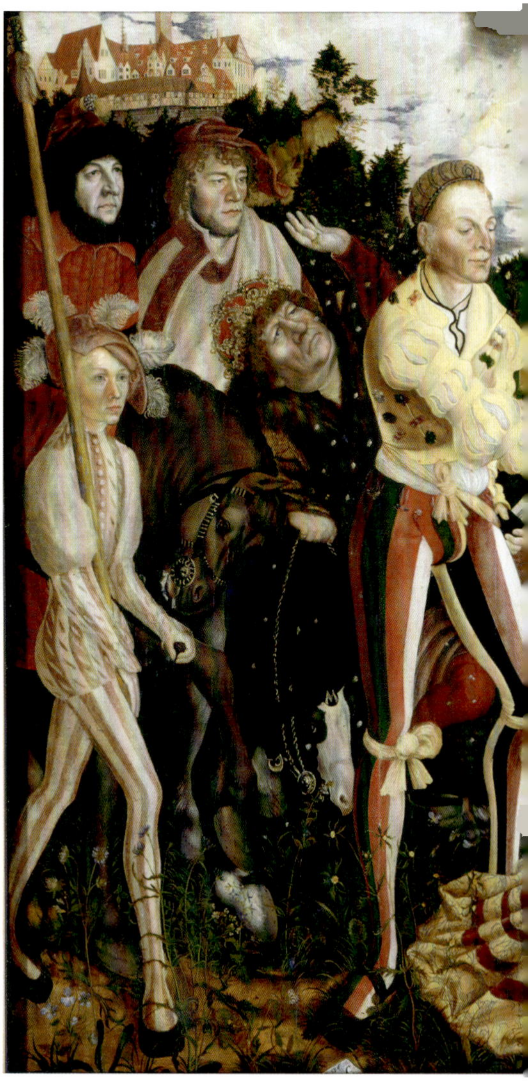

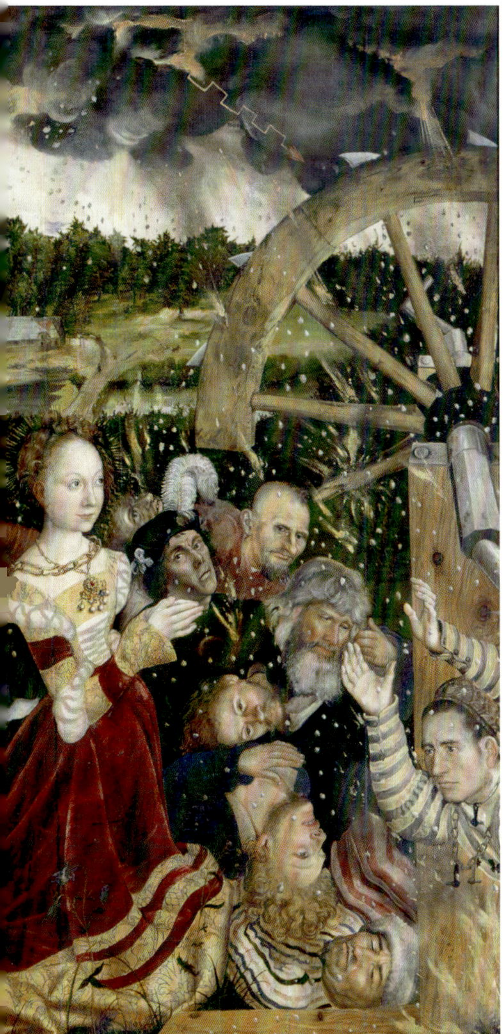

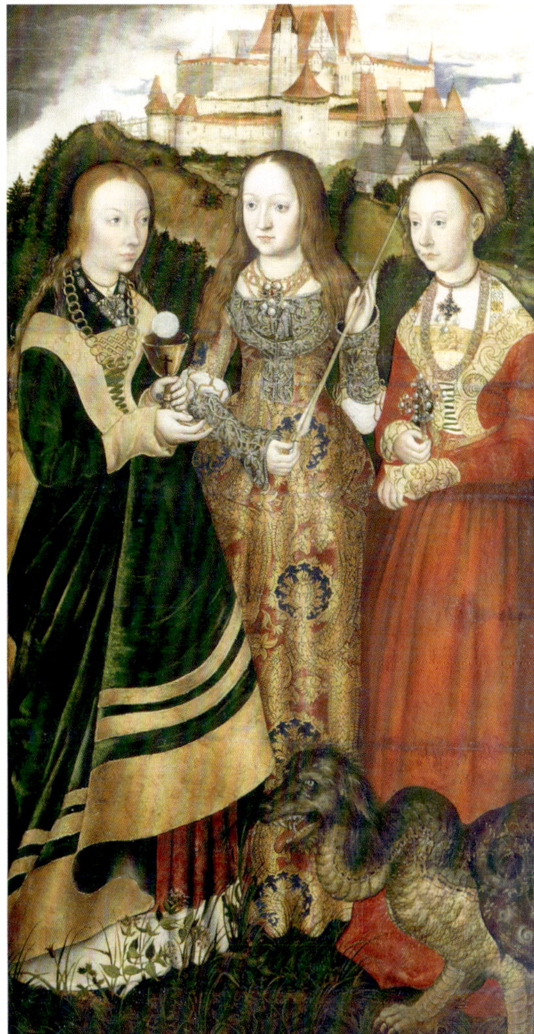

Lucas Cranach d. Ä.

Herzog Heinrich der Fromme von Sachsen und Herzogin Katharina von Mecklenburg, 1514

Von Lindenholz auf Leinwand übertragen, jeweils 184,5 x 83 cm

Bez. auf der rechten Tafel im Cartellino mit geflügelter Schlange: 1514/ LC

Gal.-Nr. 1906 G (lins) und H (rechts)

Heinrich der Fromme gehörte zur albertinischen Linie der Wettiner, heiratete 1512 Katharina von Mecklenburg, residierte anfänglich in Freiberg, übernahm 1539 die Regierungsgeschäfte, starb allerdings schon 1541 und wurde dann auf dem Thron abgelöst durch Moritz von Sachsen. Heinrich erhielt den Beinamen »der Fromme«, da er – wohl unter deutlicher Ein- oder zumindest Mitwirkung seiner Gemahlin Katharina – im albertinischen Sachsen die Reformation einführte, die sich im ernestinischen Gebiet schon deutlich früher etabliert hatte.

Das lebensgroße und in Nah- wie Fernwirkung bestechende Bildpaar[41] entstand offenkundig anlässlich der Hochzeit, wurde der Signatur zufolge aber erst zwei Jahre später vollendet. Es handelt sich hierbei um die ersten ganzfigurigen Bildnisse der europäischen Malerei, also um die Einführung einer neuartigen Darstellungsform, die mit einer enormen, diesseitigen Leiblichkeit und Präsenz einhergeht. Weitere ähnliche Bilder aus der Werkstatt der Cranachs sollten späterhin folgen; so besitzt die Dresdner Rüstkammer vier vergleichbare Bildnisse des Kurfürsten August sowie seiner Gattin und zweier Kinder.[42] Auch die Porträts Heinrichs und Katharinas befanden sich einst in der – ihrer Funktion nach dynastisch ausgerichteten – Rüstkammer, wurden dann aber durch den Galeriedirektor Karl Woermann dort herausgelöst und in die Gemäldesammlung übernommen, da er in diesen Werken »die beiden besten Bilder Cranachs, die Dresden besitzt«,[43] erkannte und also ihren Kunstwert über die historisch-illustrative Funktion erhob.

Die beiden Gestalten sind zwar habituell deutlich unterschieden, erweisen sich aber als eng zueinander gehörig. Aus den Differenzen sind die höfischen Rollen der Personen ablesbar: Heinrich als künftiger Regent steht breitfüßig, gestisch ausgreifend, das als Macht-Insignie dienende Schwert ziehend im Bild und füllt das Format mit seiner selbstsicheren, martialischen Präsenz ganz aus. Katharina dagegen erscheint aktionsreduziert, minder körperlich konkret, abwartend-beobachtend, ohne Schrittmotiv und Gestus, ja sogar ohne auffällig weibliche Formen, sieht man ab von der prächtig ausgestellten Faltenfülle, die von der Taille zu Boden reicht. Die über dem Leib gekreuzten Arme darf man wohl primär als Demutsgestus deuten, nicht aber als Verweis auf einen etwaigen »gesegneten« Zustand, zumal dieser bei einem Hochzeitsbild noch unzulässig gewesen wäre.

Die dem fürstlichen Paar auferlegte Rollenverteilung repetiert sich auch in den attributiv beigegebenen Hunden: Heinrich wird als Jäger und künftiger Landesherr von einem Jagdhund mit scharfzähnigem Gebiss und spürend gesenktem Kopf begleitet, sie hingegen von einem artig niedersitzenden Schoßhund. Es werden hier also – anders als bei früheren ganzfigurigen Grabplatten, wo der Verstorbene von Hunden begleitet erscheint – die vitalen Lebensrollen verdeutlicht, die Tiere dienen nicht primär als Metaphern der Treue bis über den Tod hinaus.

Die Bilder entstanden im Nachgang der Hochzeit und spiegeln jenes Ereignis auch motivisch, denn Katharina trägt einen Hutanhänger mit vier Handpaaren um ein Herz, ein sogenanntes »Flinderl«, das also zeichenhaft auf die künftige ideale Familienkonstellation vorausweist, und Heinrich trägt eine Halskette mit zwei verschränkten und einander buchstäblich verbundenen Händen als Sinnzeichen der vollzogenen Eheschließung sowie einen prächtigen Kranz mit roten und weißen Nelken, die als Hochzeitsblumen bekannt waren.

Herzog Heinrich der Fromme von Sachsen, Ausschnitt

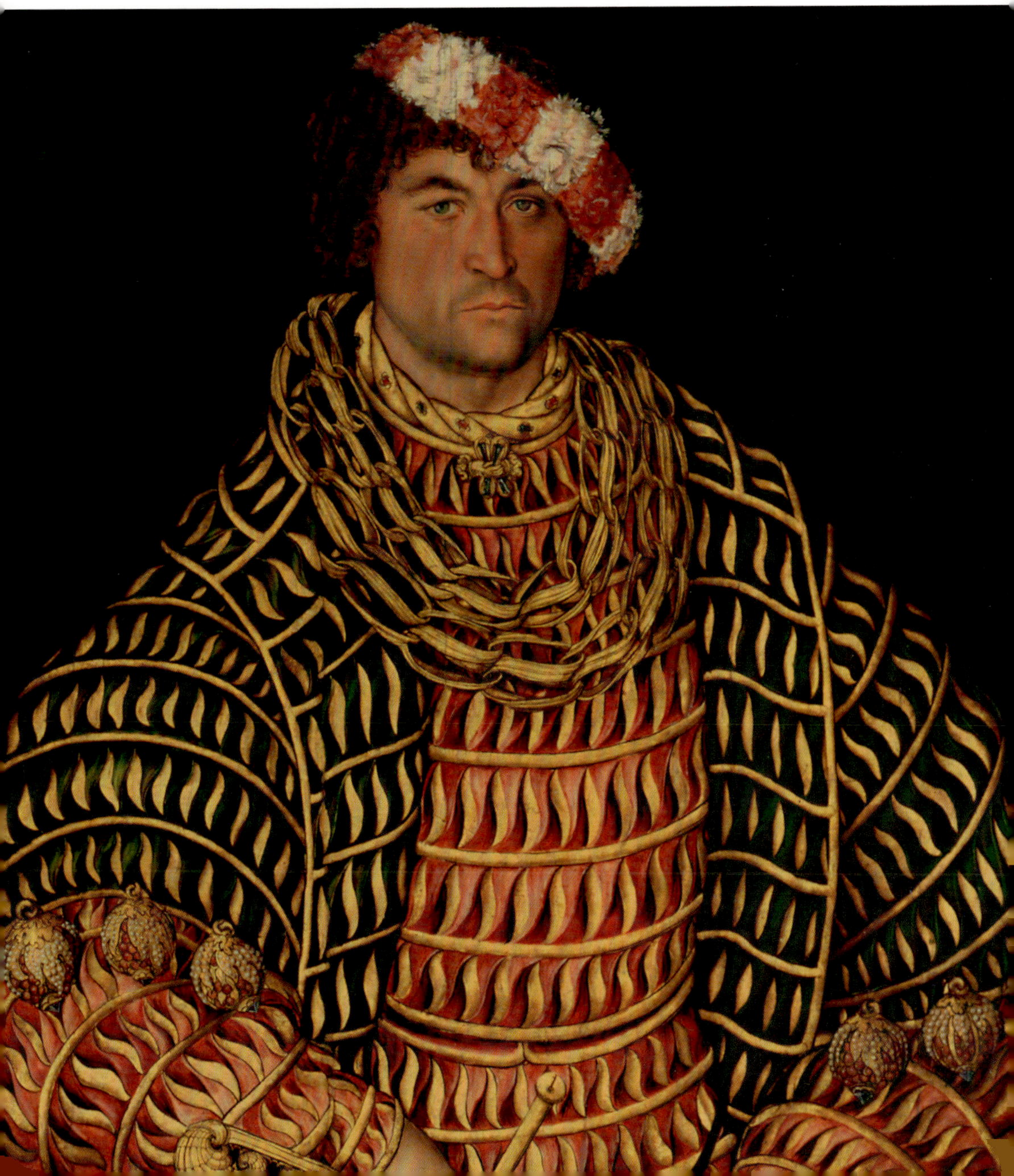

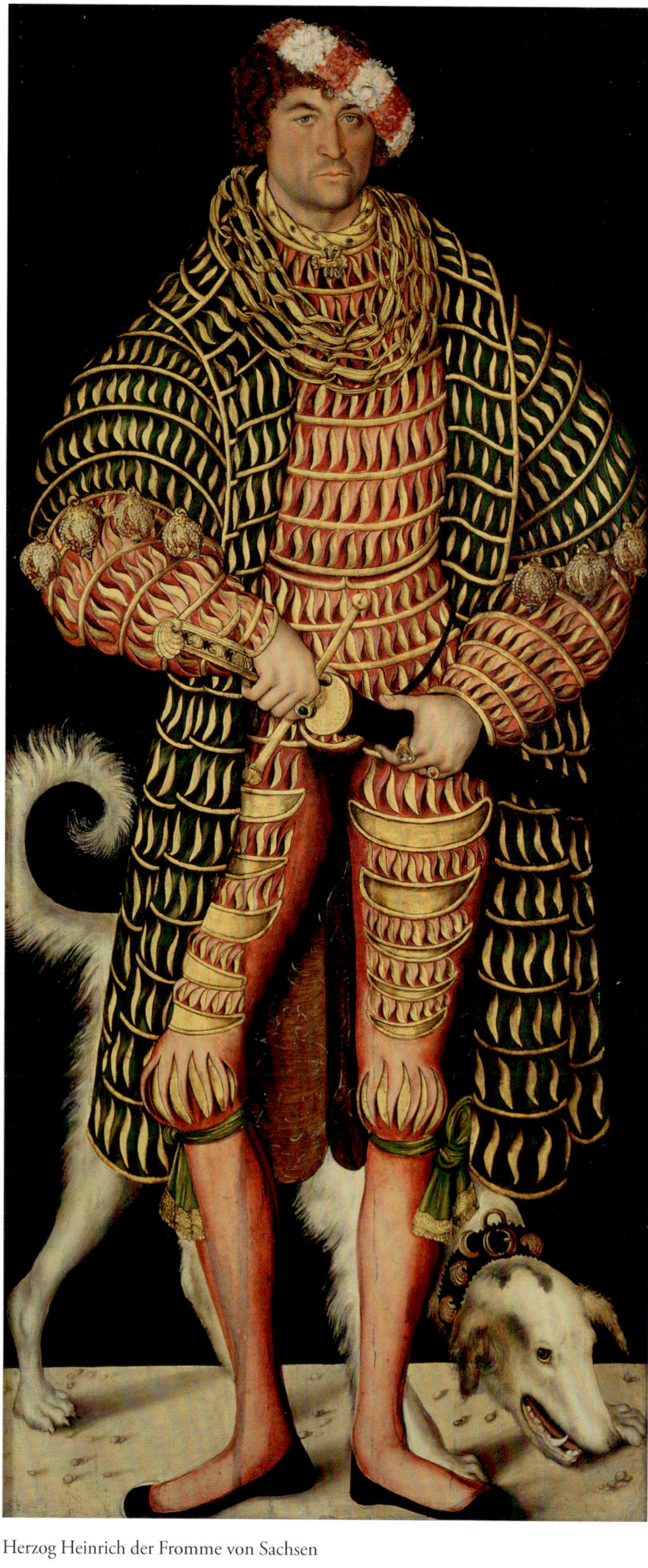

Herzog Heinrich der Fromme von Sachsen

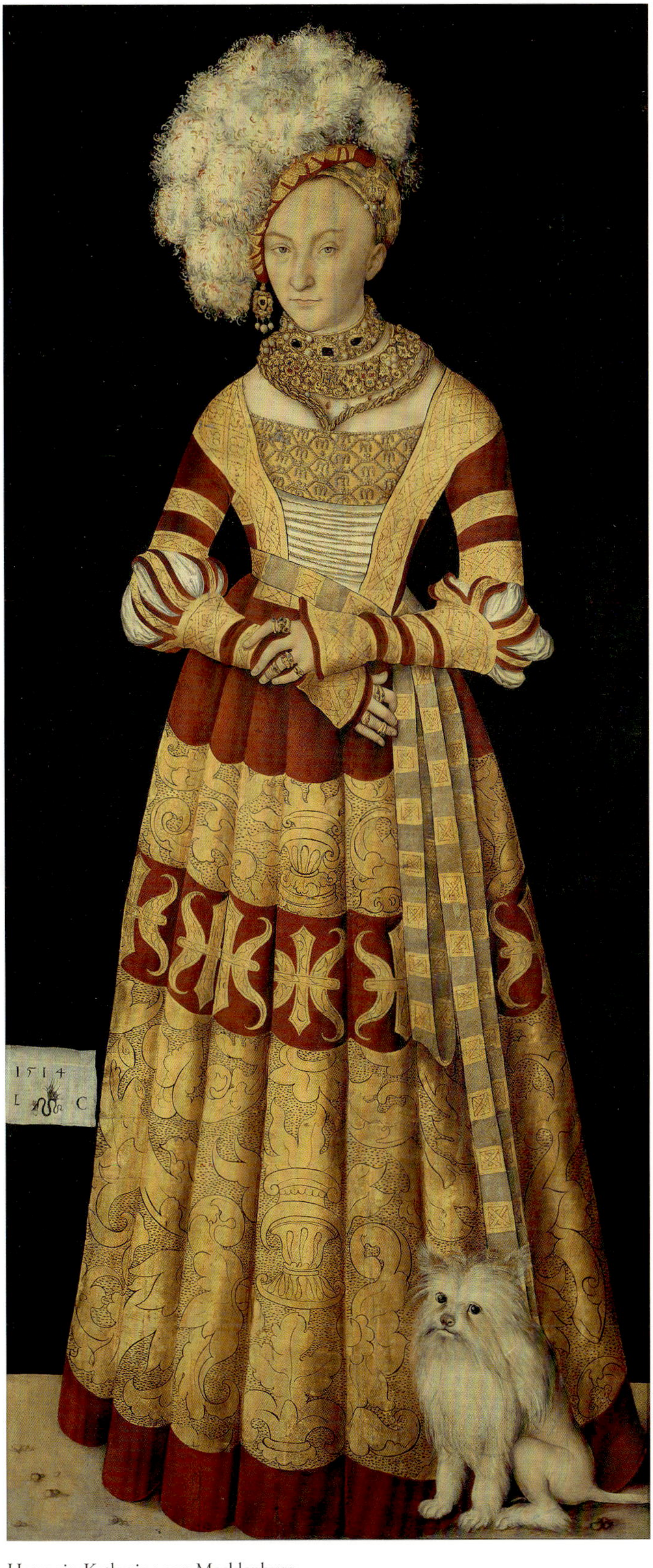

Herzogin Katharina von Mecklenburg

Lucas Cranach d. Ä.

Nacktes Knäblein (wohl Prinz August von Sachsen), 1526

Buchenholz, 39 x 25,5 cm

Bez. unten links mit geflügelter Schlange: 1526

Gal.-Nr. 1917

Cranach erweist sich immer wieder als enorm kreativer und unkonventioneller Künstler, dem ganz beiläufig grundlegend neuartige Bildfindungen gelingen: Das pausbäckige, babyspeckige Knäblein ruht, ja thront auf einem undifferenzierten dunkelgrünen Kissen vor neutralem Hintergrund.[44] Es heißt in der Literatur mit einigem Recht, das Kissen sei aus Samt;[45] dieser edle Stoff aber war dem Adel vorbehalten.[46] Der Hinweis auf dieses fürstliche Material und die Tatsache des Thronens – soweit eben dies einem Kleinstkind möglich ist – sind evidente Hinweise auf eine hohe Bedeutung des Kindes. Die Handhaltung tritt als sprechendes Bildelement hinzu, denn sie erinnert an den Gestus des Betens. Dass einem Baby allenfalls dieses lose Ineinanderlegen der Fäuste möglich ist, nicht aber ein Verschränken oder ein präzises Aneinanderlegen der Finger, versteht sich leicht. Die realistisch beobachtete Haltung bezeugt mithin Cranachs enormen Realitätssinn.

Der erstaunlich wache und klar ausgerichtete, leicht aufwärts gehende Blick wirft die Frage auf, wem er gelte? Sollte man sich also die ursprüngliche Aufhängung dieses sehr individuell gehaltenen Bildes, in dem man nicht mehr – wie früher versucht wurde – Luthers Sohn oder das Christuskind sehen kann (schon wegen des fehlenden Nimbus), vielmehr mit räumlichem und Blickbezug auf eine Darstellung Christi oder auf eine ähnliche Heilsbotschaft vorstellen?

Zweifelsohne lässt sich das Werk nicht – wie früher geschehen – als bloße Naturstudie deuten; eine solche Interpretation entsprang akademischer künstlerischer Praxis des 19. Jahrhunderts. Auch handelt es sich, wie Karin Kolb zuletzt überzeugend darlegte, nicht um die Vorarbeit für ein anderes, größeres Werk.[47] An gleicher Stelle verdeutlicht die Autorin, dass zeitgleich – 1526 – die Kinderbildnisse Moritz' und Severins von Sachsen entstanden, also der älteren Brüder des 1526 geborenen Prinzen August von Sachsen, um dessen Bildnis es sich hier höchstwahrscheinlich handelt. Von daher ist denkbar, dass diese drei Bilder, die die männlichen Nachkommen der albertinischen Wettiner und damit die Stammhalter zeigen, in einem verbindenden Kontext standen und auf einen gemeinsamen Blickbezug ausgerichtet plaziert waren. (Auch andere Stifterfamilien ließen im Verlauf des 16. Jahrhunderts ihr jüngstes Kind zuweilen als Baby-Akt darstellen.) Folgt man dieser Deutung als Porträt Augusts von Sachsen, so handelt es sich bei diesem kleinen Bild wohl um das früheste höfische Kinder-Aktporträt schlechthin. Die Nacktheit wäre vielleicht dann als dem Kinde schon in der Wiege abverlangtes Versprechen zu deuten, sich uneingeschränkt in die Nachfolge Christi zu begeben.

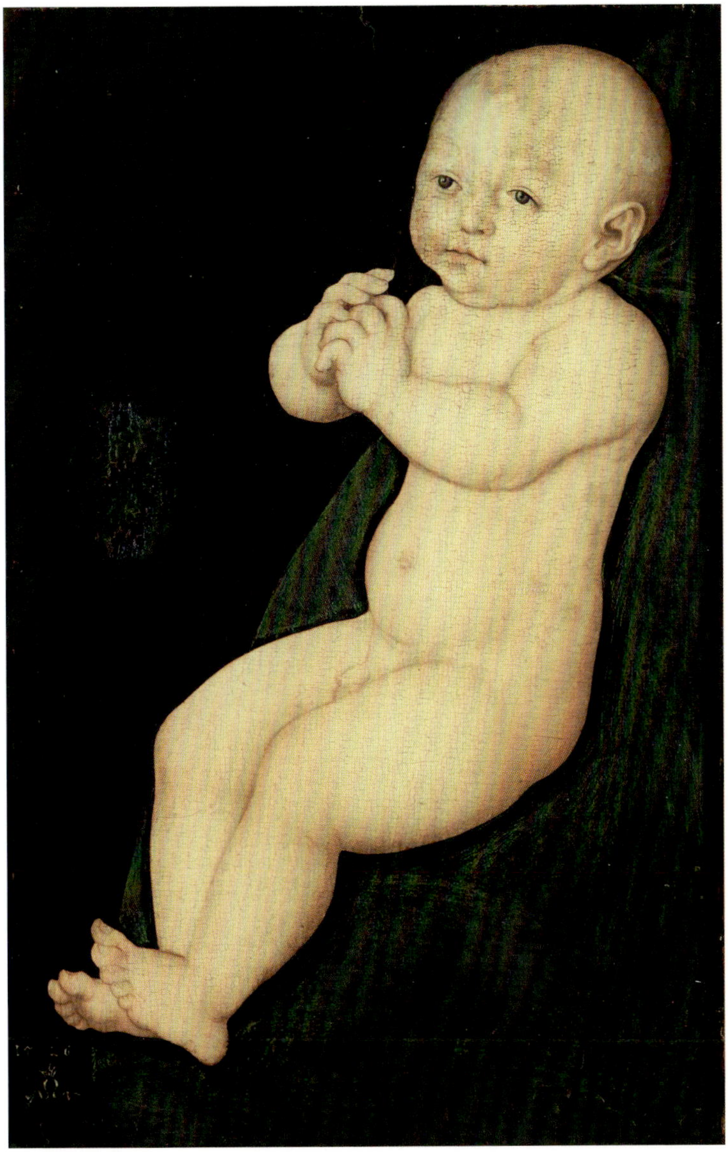

Lucas Cranach d. Ä.

Heilige Katharina und Heilige Barbara, um 1516

Lindenholz, jeweils 139 x 46 cm

Gal.-Nr. 1906 E (Katharina) und F (Barbara)

Gotisch überlängt ragen die beiden Heiligengestalten aus ihren Gewändern auf, die gleich architektonischen Bündelpfeilern eher ornamental wirken denn körperlich konkret.[48] Man hat diese Höhenstreckung dem Einfluss des Malers Jacopo de'Barbari zugeschrieben, der für Kurfürst Friedrich den Weisen und den Wittenberger Hof arbeitete und dessen Werke sich – in freilich kleinerer Zahl – noch heute in Dresden und Weimar finden. Auch er schuf ein Bildpaar mit den Heiligen Katharina und Barbara; es befindet sich im Besitz der Dresdner Galerie, wohin es vermutlich 1588 – ausgerechnet aus dem Nachlass Lucas Cranachs d. J. – kam.[49]

Diese beiden Heiligen waren um 1500 im mitteldeutschen Raum sehr populär. Katharina, die mit Schwert und Rad dargestellt ist – man denke an den Katharinenaltar (S. 18–21) – trägt ein überaus vornehmes, mit unterbundenen und gehackten Ärmeln versehenes Gewand sowie Goldgeschmeide und -gürtel: Sie galt als hochgebildete Königstochter von Zypern und bewirkte, dass zahlreiche Philosophen zum Christentum übertraten. Da sie ihres Glaubens und ihrer missionarischen Erfolge wegen gerädert werden sollte, höhere Mächte dies aber zunächst vereitelten (indem das Rad zerbarst), wurde sie durch das Schwert enthauptet. Katharina wurde häufig so solitär wie hier dargestellt, aber auch gelegentlich in einer Szene, wie sie sich mit dem kindlichen Christus verlobt: Sinnbild eines dem Glauben gewidmeten Lebens und ihrer unmittelbaren konfessionellen Nähe zu Christus. Dieses Sujet malte auch Cranach wiederholt (so im Erfurter Dom und in der Berliner Gemäldegalerie).

Die Hl. Barbara trägt ein goldbesticktes Gewand mit weißen Manschetten und einem feinen Tuch, auf dem sie den Kelch präsentiert. Hinter ihr erhebt sich der etwas schematisch behandelte Turm, in dem sie der Legende zufolge durch ihren Vater eingesperrt worden war und in dessen Mauer sie – als Sinnbild der Trinität (vgl. S. 16 f.) – ein drittes Fenster brechen ließ, da sie zum Christentum konvertiert war. Der Vater befahl, sie ihres Glaubenswechsels wegen, den er natürlich als Abtrünnigkeit empfand, zu töten und führte dies schlussendlich sogar selber aus. Daher wurde die Hl. Barbara zur Schutzheiligen des Sterbens, wobei der Kelch das Sterbesakrament und also auch die Auferstehungshoffnung versinnbildlicht.

Am Mieder der Hl. Katharina findet sich eine perlenartige Goldstickerei, in die ganz unauffällige und doch zweifelsfrei entzifferbare Buchstaben eingearbeitet sind: links ein »S«, dann ein »W« und rechts – nicht zweifelsfrei lesbar, aber von Symmetrie und Gestaltung plausibel – ein »V«; die Deutung steht noch aus, wird sich aber auf die Auftraggeber(in) bezogen haben.

Die beiden zueinander gehörenden Tafeln zählen zu den wenigen Werken Cranachs, die schon früh in der Dresdner Gemäldegalerie gezeigt wurden, aber sie galten damals – in der ersten Hälfte des 18. Jahrhunderts – als Werke eines unbekannten Meisters und später als Arbeiten aus der Cranach-Schule. Erst 1896 wurde die Zuschreibung an Lucas Cranach d. Ä. besiegelt.

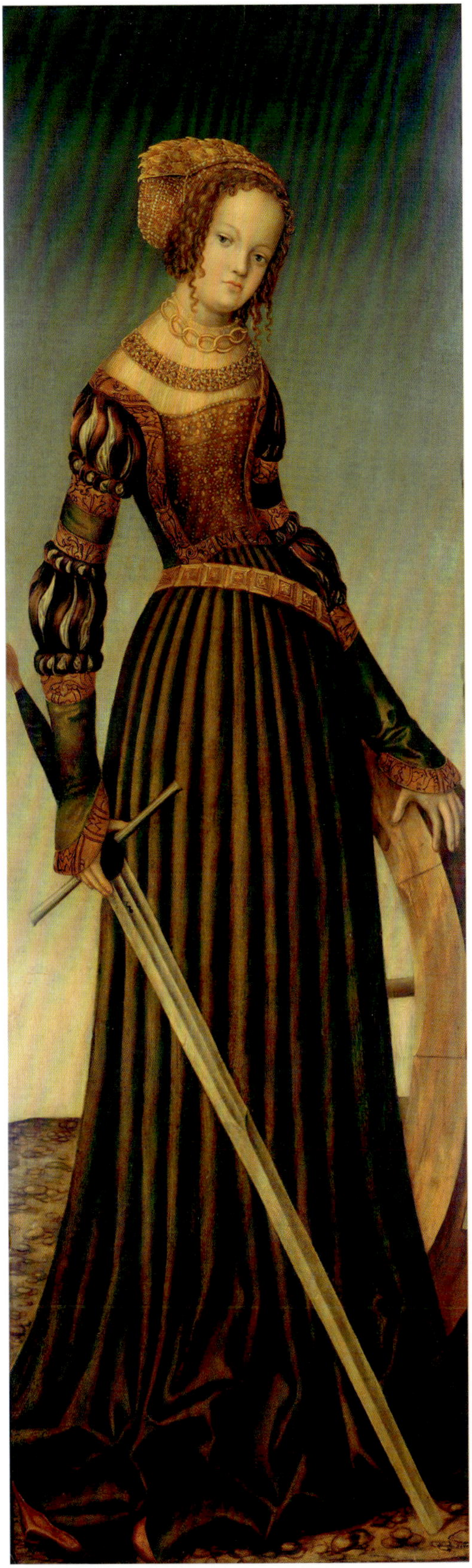

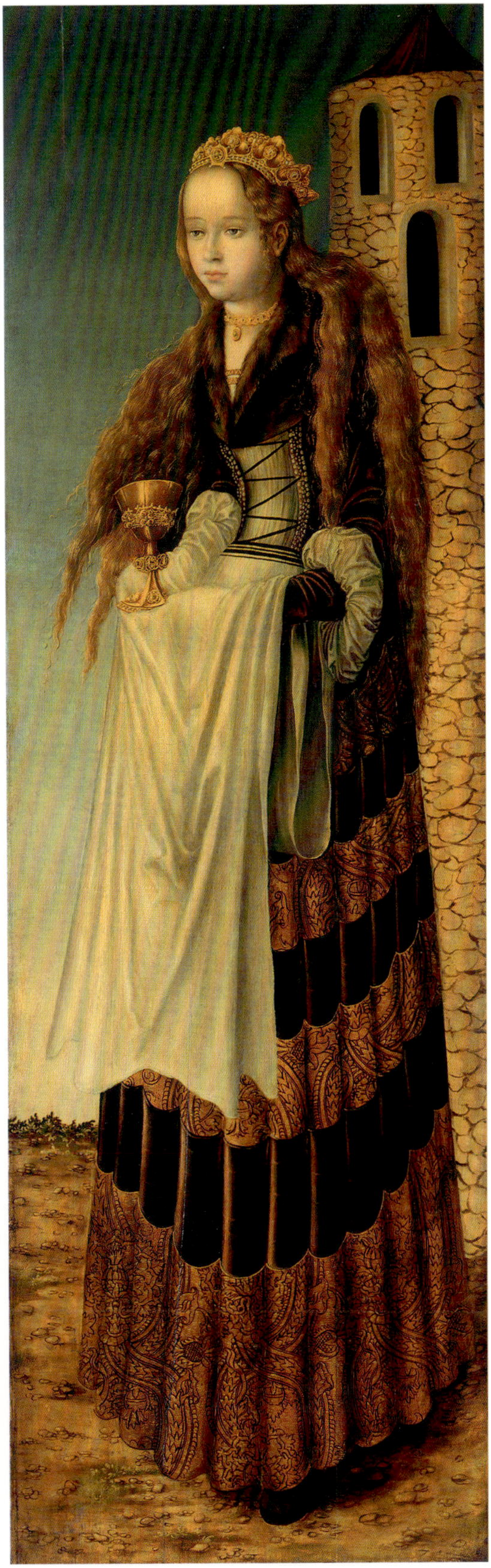

Lucas Cranach d. Ä.

Paradies, 1530

Lindenholz, 80 x 118 cm

Bez. unten rechts mit geflügelter Schlange: 1530

Gal.-Nr. 1908 A

Lucas Cranachs »Paradies« zieht den ersten Blick auf die zentral angesiedelte und besonders großfigurig ausgeführte Szene der mahnenden Unterweisung des ersten Menschenpaares im Paradies.[50] Der weißbärtige Gottvater belehrt Adam und Eva darüber, dass ihnen die Früchte vom Baum der Erkenntnis verboten sind.

Über dem Arm Gottes sieht man die zeitlich erste Szene der Schöpfungsgeschichte, nämlich die Erschaffung Adams, und oben rechts am Bildrand folgt die Szene, wie Gott aus Adams Rippe Eva erschafft. Chronologisch folgt nun schon die zentrale Ermahnung des ersten Menschenpaars, sodann die links angeschlossene Szene, da die verführerische, mit einem menschlichen Mädchenleib versehene Schlange einen Apfel reicht, der – simultan und verdoppelt – in Evas Hand wieder auftaucht und durch sie an Adam weitergereicht wird, den Apfel der Verführung. In der Schöpfungsgeschichte folgt nunmehr die Szene rechts, wie sich Adam und Eva, ihrer Schuld bewusst, vor Gott – dessen Präsenz aus der Wolke herniederstrahlt und das Schuldgefühlt weckt – verbergen, ehe sie in der abschließenden Szene am linken Bildrand durch einen furienhaften Engel aus dem Paradies vertrieben und ins irdische Leben gestoßen werden.

Die Tiere sind von der Dramatik dieses Geschehens nicht betroffen, sie bevölkern ungerührt die ganze untere Bildhälfte, präsentieren sich teils gelassen, ruhend, äsend, teils springend und spielend. Allerdings sind sie in durchaus programmatischer Weise komponiert: Der Hirsch entspricht Christus als Überwinder und ist daher zentral plaziert, da durch Christus die Erbsünde gesühnt wird. Der Fuchs, der in der spätmittelalterlichen Interpretation das Böse verkörpert, streunt einsam nach rechts aus dem Bild, während der Hase (bzw. das Kaninchen – der bekannten Neigung zu eifriger Vermehrung wegen) als Sinnbild der Wollust weiter hinten nach links entflieht. Das marianische Einhorn als klassisches mittelalterliches Sinnzeichen der Unschuld tritt von rechts ins Bild und hält sich unweit der Erschaffung Evas auf: Maria und Eva, Neues und Altes Testament werden so in unmittelbare typologische Beziehung gesetzt.

Indem die gottväterliche Unterweisung – und nicht der Sündenfall – im Mittelpunkt des Gemäldes steht, wird die Bedeutung betont, die dem gesprochenen Wort der Heilsbotschaft und der Gottesfurcht zukommt. Insofern ist Cranachs Gemälde durchaus im Kontext der modernen, protestantischen Lehre und der reformatorischen Rückbesinnung auf den Bibeltext und das geschriebene Wort zu sehen, auch wenn es sich etwa mit der Simultandarstellung vermeintlich antiquierter Erzählstrukturen bedient.

Die Wirkung einer motivisch stark divergierenden Zweitfassung dieses Gemäldes, das ebenfalls 1530 entstand und sich im Kunsthistorischen Museum in Wien befindet, beschrieb Paula Modersohn-Becker im Jahre 1897: »Die alten Deutschen nahmen mich ganz gefangen. Der Dürer hat bei aller Kraft und Männlichkeit so viel Rührendes, Zartes. Dann der Lukas Cranach mit seinen kleinen, halb kindlichen, halb koketten Evas und dem lieben Herrgott, der den Paradieskindern ernst mit den Fingern droht.«[51] Die komplizierten und komplexen theologischen Interpretationsmöglichkeiten außer Acht lassend, erfasste die junge Malerin ein entscheidendes Kriterium für Cranachs bis heute anhaltende Resonanz, nämlich seine im besten Sinne naive und zuweilen humorvolle Erzählweise. Auch Paula Modersohn-Becker besaß – ähnlich wie die Maler der »Brücke« – Reproduktionen nach Werken Cranachs.[52]

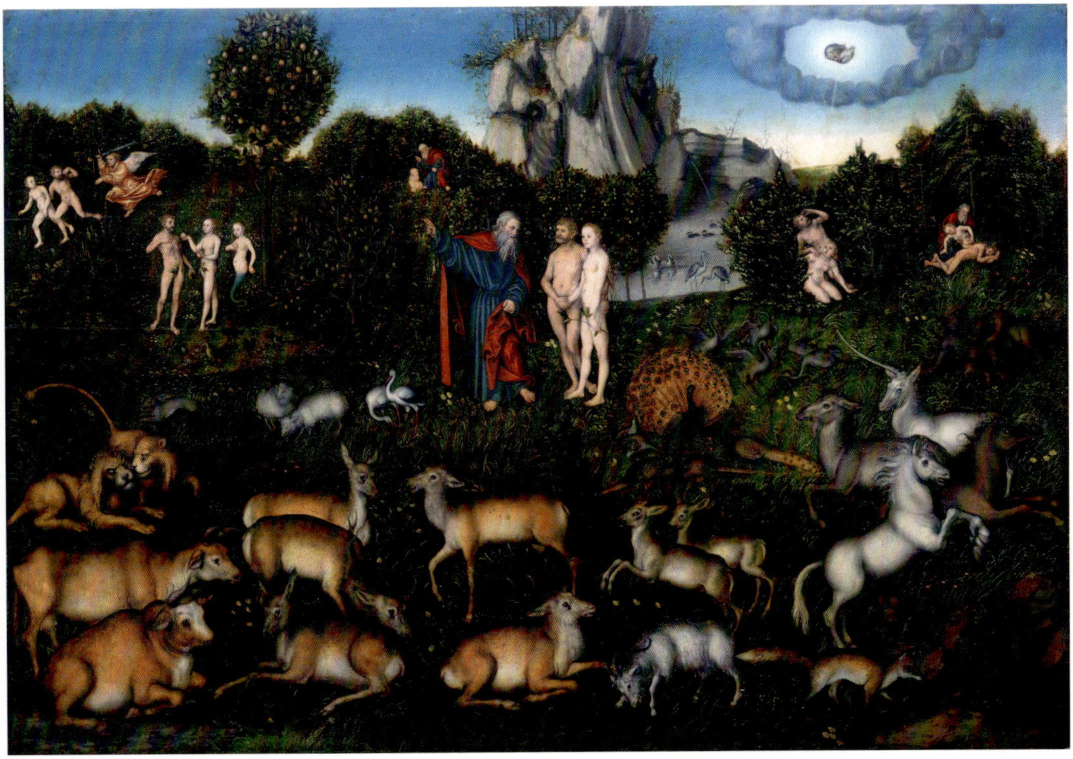

Lucas Cranach d. Ä.

Adam und Eva, 1531

Lindenholz, 170,5 x 70 cm (Adam)
und 170,5 x 69,5 cm (Eva)

Bez. (Adam) mit geflügelter Schlange: 1531

Gal.-Nr. 1911 (Adam) und 1912 (Eva)

Anhand einiger Themenbereiche demonstrierte Cranach sein Vermögen zur Darstellung des menschlichen, bevorzugt aber des weiblichen Aktes: Neben »Adam und Eva«[53] waren es Darstellungen der Venus, der Nymphen, des Parisurteils, der Lukrezia oder auch der mütterlichen Caritas, die ihm Gelegenheit zu Aktdarstellungen gewährten. Dürer hatte schon früher sein Interesse an der menschlichen Figur praktisch umgesetzt, so etwa mit »Adam und Eva« von 1507, das nach seiner Italienreise entstanden war. Cranachs Akte sind ebenfalls einem ernsten Naturstudium entsprungen, beruhen allerdings weniger auf unmittelbaren Proportionsstudien, wie etwa die leicht überlängten Beine ahnen lassen, sondern bleiben etwas formelhafter. Mit »Venus und Amor« schuf Cranach schon 1509 seinen ersten lebensgroßen Akt – wobei die humanistische Antikenrezeption über Dürers biblische Motivfindung siegte. Und »Dürer hatte zwar in seiner Graphik das Thema geprägt, Cranach aber blieb es vorbehalten, daraus einen beliebten deutschen Renaissancevorwurf zu machen.«[54]

Die beiden Tafeln folgen einem gemeinsamen Schema, indem die Akte stark umrissbetont vor einem dunkeln Hintergrund plaziert sind und auf einem wenig ausgearbeiteten dunkel verschliffenen Grund stehen. Der »Baum der Erkenntnis« (vgl. S. 30) ragt als verbindendes Element je zur Hälfte in die Tafeln hinein, die Äste bieten eine opulente Ernte, und Eva hat bereits den verbotenen Apfel in der rechten Hand, während sowohl sie als auch Adam je ein dem Baum entspringendes Zweiglein mit Laub und Frucht dazu dient, die Scham zu bedecken – obgleich doch genaugenommen vor dem ersten Biss noch gar kein Bewusstsein für die eigene körperliche Blöße und deren Verbergungsbedarf besteht. Eva hat von der um den Ast geringelten Schlange den Apfel empfangen. Sie nimmt – gleichsam rhetorisch fragend – Blickkontakt zum Betrachter auf, als wolle sie ihm die Entscheidung als Gewissensfrage übertragen. So wird der verführerische Körper mehr mit der Moral- als der Schuldfrage verknüpft. Diese einer ausdrücklichen Bildrhetorik entspringende enge Verbindung künstlerischer Aufgabenstellungen des lebensgroßen Aktbildes mit außerkünstlerischen ethischen Aspekten befremdete die Nachwelt zuweilen: Der französische Geschichtsphilosoph, Ästhetiker und Kunstschriftsteller Hippolyte Taine monierte: »In Deutschland hat die zu starke Herrschaft der reinen Begriffe für die Sinnlichkeit des Auges keinen Raum gelassen«,[55] um überzuleiten zur Konkretion der These: »Betrachten Sie im Louvre […] eine Eva von Lucas Cranach […]: Sie werden fühlen, daß Menschen, welche solche Gruppen und solche Körper machten, für die Gottesgelahrtheit und nicht für die Malkunst geboren waren.«[56] Angesichts solcher Verknappung wünschte man, Cranachs eigene Stimme zu hören, denn bei aller Vernunftbetonung ist doch eine sinnliche Seite keineswegs zu leugnen, wie etwa die feine Beobachtung der lebendigen Hüftlinien oder der Schwung von Evas Armmuskulatur verraten.

Eva, Ausschnitt

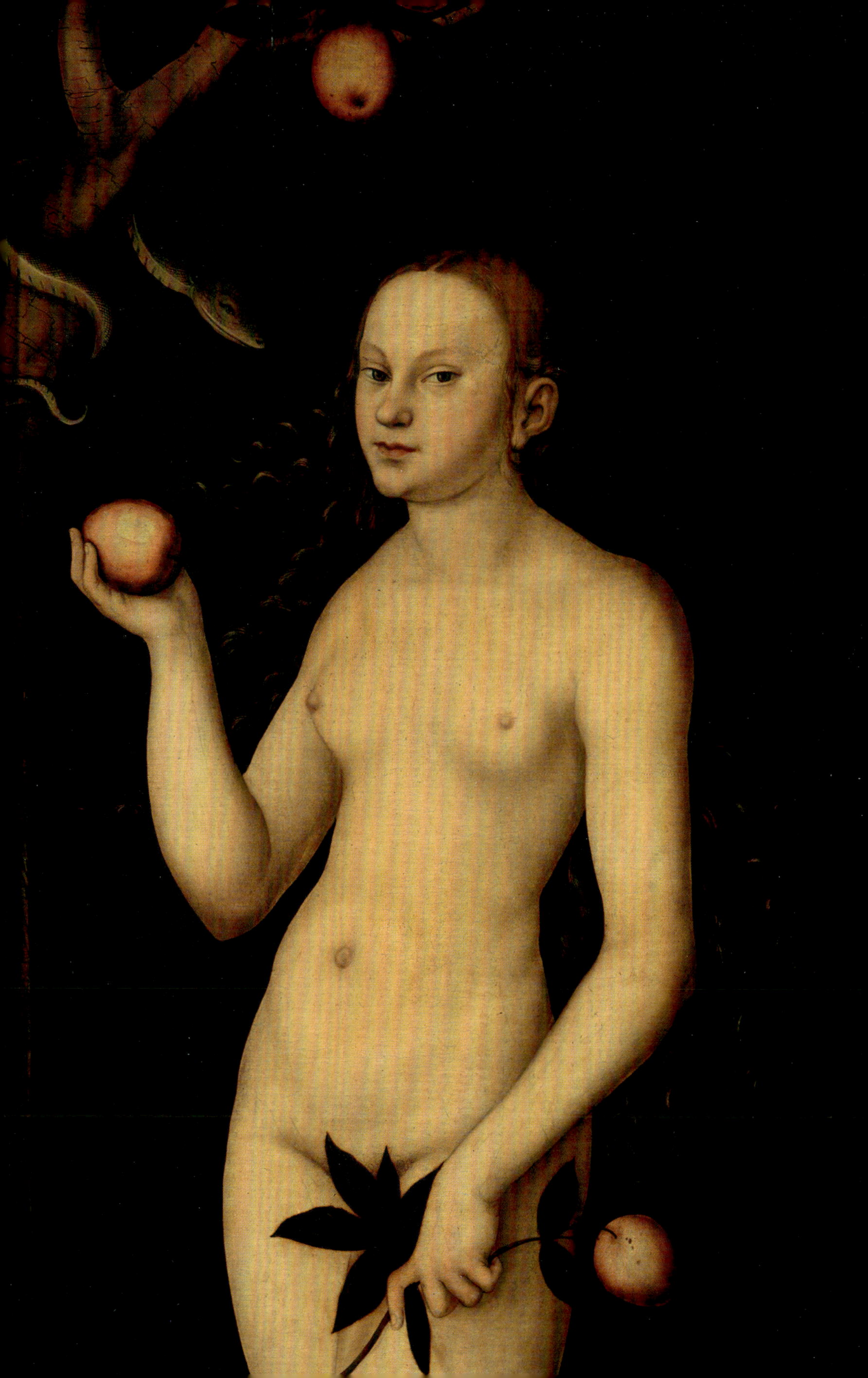

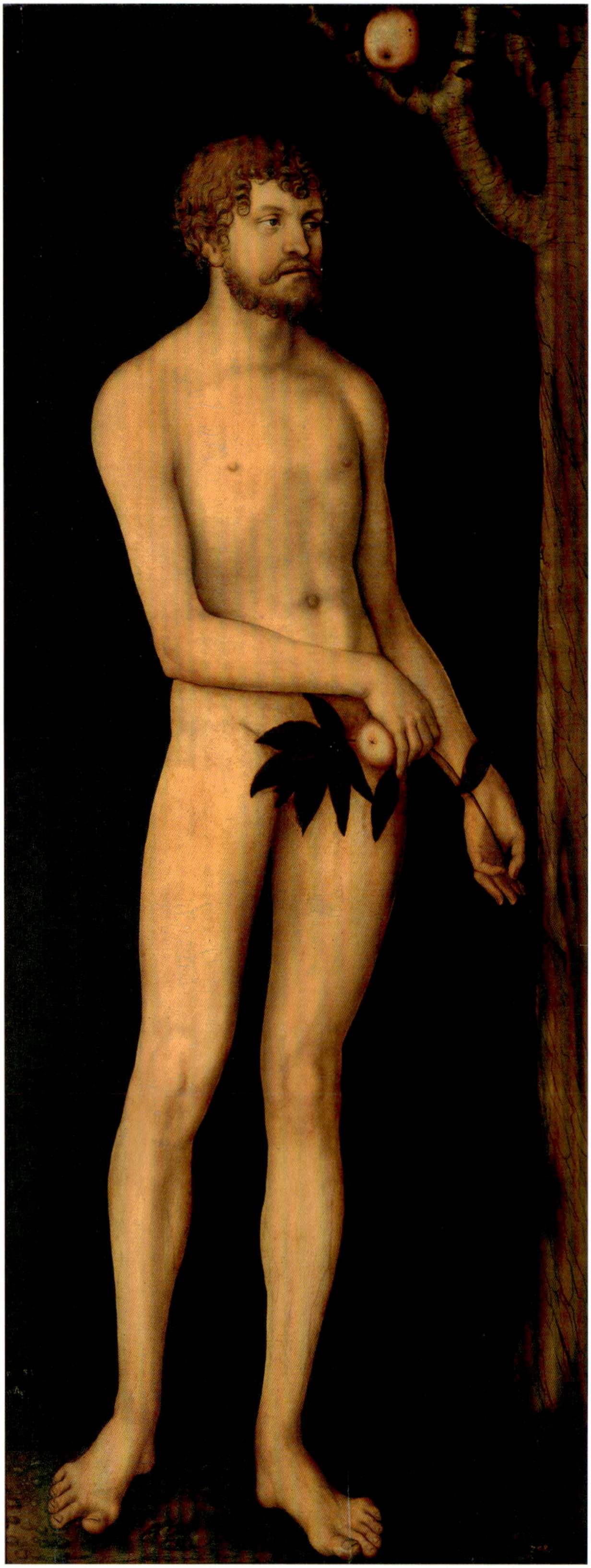

Adam

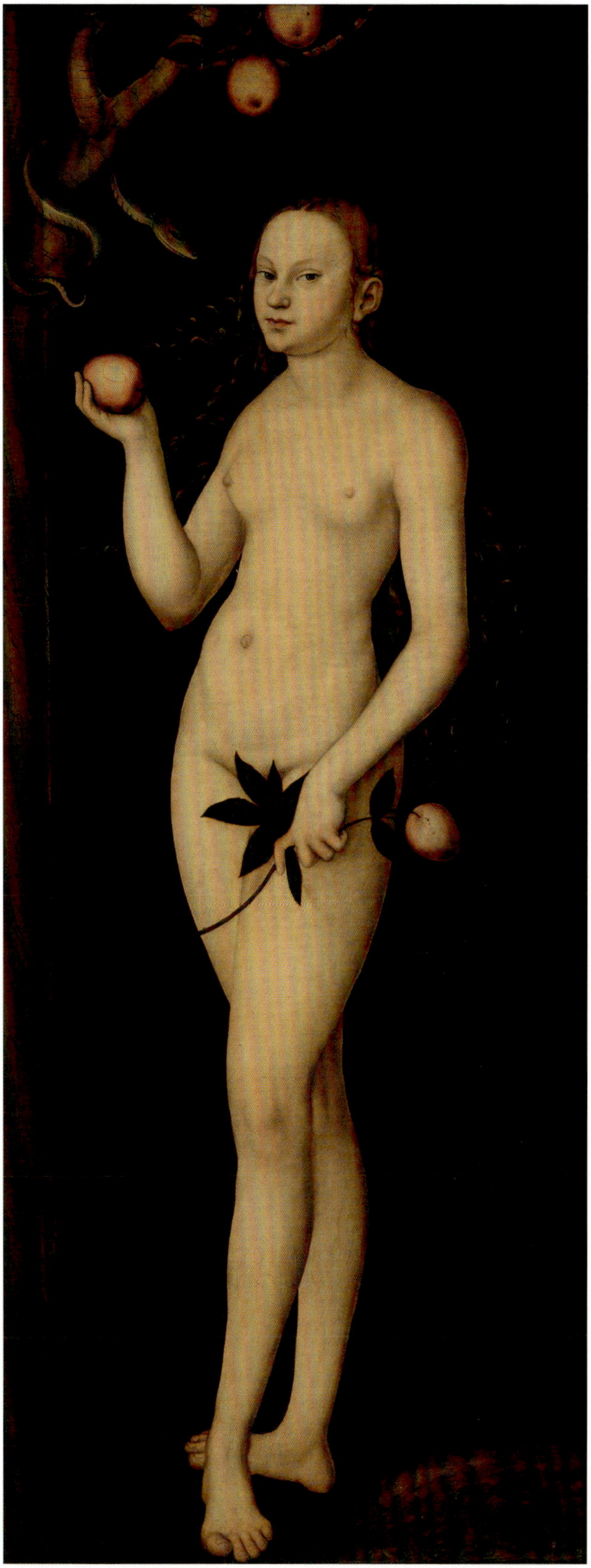

Eva

Lucas Cranach d. Ä.

Geburt Christi, um 1515/20

Lindenholz, 32 x 24,5 cm

Bez. unten links mit geflügelter Schlange

Gal.-Nr. 1907 A

Kostbar und mystisch mutet die kleinformatige Nachtszene an, die die Geburt Christi[57] zeigt: Maria beugt sich, vom Leuchten des Neugeborenen angestrahlt, über das Kind, das ›nackt und bloß in der Krippe liegend‹, vor ihr gebettet ist, umgeben von einem sprühend strahlenden Lichtglanz und von sechs verzückt anbetenden, etwa gleichaltrigen Engeln, die das wundersame Kind anstaunen. Dieses aber wendet seinen Bick zur Mutter, die ihrerseits ehrfürchtig auf das Wunder der Heiligen Nacht blickt. Diese bipolare Abschirmung von Maria und Christuskind findet eine Parallele in Joseph, der seine Kerze wiederum mit der Rechten abschirmt, sein greises kahles, weißumlocktes Haupt beugt und stumm auf das nicht von ihm gezeugte, aber von ihm – samt Maria – beschützte Kind niedersieht. Unscheinbar knien rechts Ochs und Esel, während in ehrfurchtsvollem Abstand die drei Hirten herantreten. Ihre Gewänder fallen durch simpel-farbkräftige Töne auf, die in ihrer geradezu bunten Schlichtheit erst recht verdeutlichen, welche fein nuancierte und dadurch nobilitierende Tönung die Gewänder von Joseph und Maria haben.

Die nahezu graphisch behandelte Lichtregie wird durch Cranach nicht nur um das Kind und die (verheißende) Kerze ausgekostet, sondern auch in der Behandlung des mit wiederum feinstem Pinsel ausgeführten Nimbus um das Haupt der Maria. Und sie setzt sich fort in der Nebenszene links hinten, die eigentlich der Ankunft der drei Männer am rechten Bildrand vorausgeht, indem dort nämlich der Engel des Herrn erscheint und den Hirten auf dem Felde die Geburt Christi verheißt: In einer blauen Gloriole weht das lichte Gewand des winzigen Engels, und des Leuchten zeichnet sich auf den weißen Fellen der Schafe mehr ab als auf den Gewändern der Hirten selber. Lediglich der erhobene Arm des auf die Knie gefallenen linken Mannes, der die Blendung abwehrt, lässt erahnen, dass die Wirkung eine überwältigende ist.

Cranach macht durch das anspruchsvolle Spiel von Dunkel und Licht dem Betrachter des kleinen, wahrscheinlich für die private Andacht konzipierten Gemäldes bewusst, wie köstlich sein Gemälde – und wie kostbar die Heilsbotschaft ist. Nicht von ungefähr eignet der Lichtbehandlung etwas von Goldschmiedewerk: Subtiler und edler Glanz, Leuchten und Widerschein sind die Aufgabenstellungen, die sich der Künstler mit betont artifiziellem Anspruch vornahm. Es ist sehr wahrscheinlich, dass ihn die 1508/09 auf der niederländischen Reise erworbene Kenntnis von Gemälden des Geertgen tot Sint Jans und des Hugo van der Goes dazu inspirierten, solch eine Finesse zu entwickeln, doch darüber hinaus klingt wohl auch die mystifizierende Behandlung von Landschaft, Dämmerung und Dunkel nach, die er schon um 1500 bei den Künstlern der Donauschule im süddeutschen und österreichischen Raum hatte studieren können.

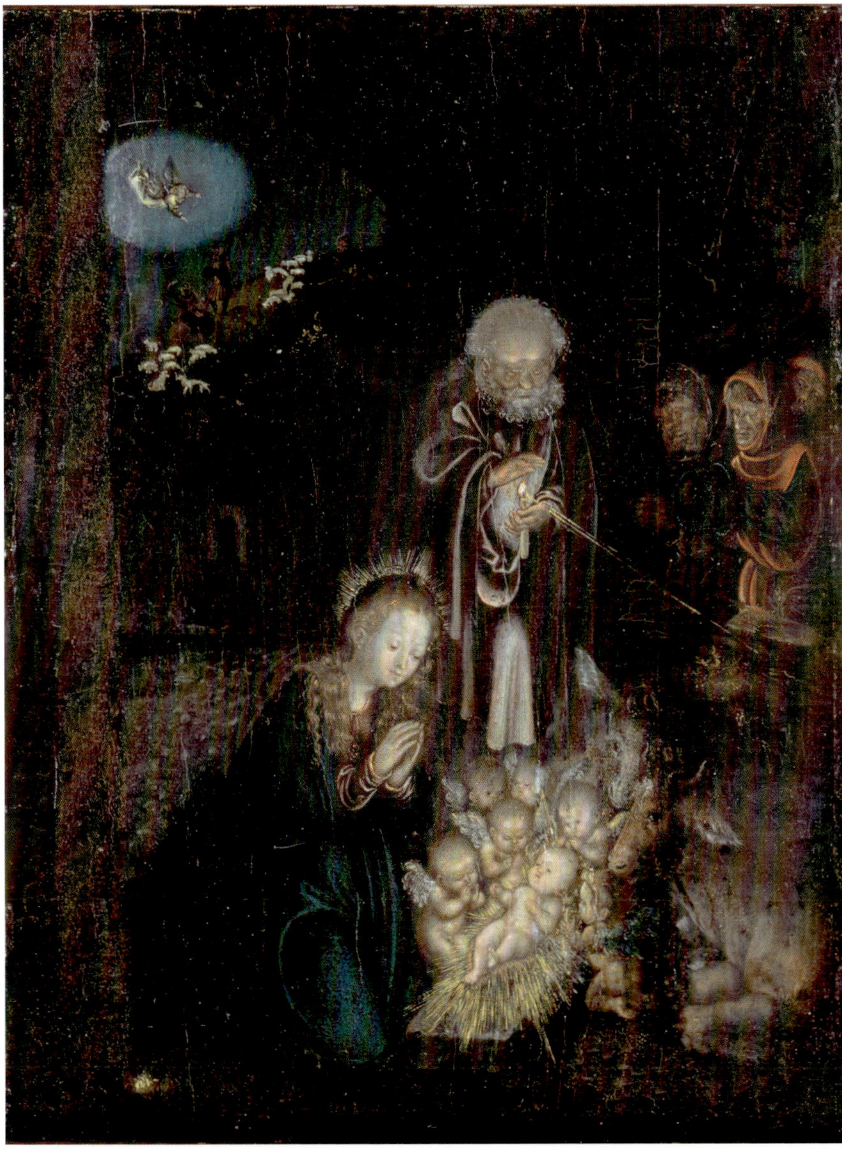

Lucas Cranach d. Ä.

Bethlehemitischer Kindermord, um 1515

Lindenholz, 122,5 x 86,5 cm

Gal.-Nr. 1906 C

In der Lebensgeschichte Christi schließt sich an die Geburt und das Bekanntwerden seiner Lebensbestimmung, die alle weltliche Macht zu erschüttern verspricht, die Geschichte an, wonach alle kleinen Knaben, die in Betlehem geboren worden waren, auf Befehl des Königs Herodes getötet werden sollten, weil dieser damit die Überzeugung verband, dass dieser unerwünschte, die weltliche Macht infrage stellende Gottessohn aus der Welt geschafft werde. Heute wird oft irrtümlich angenommen, es seien alle Kinder, also auch die Mädchen, getötet worden; Cranach hält sich – soweit erkennbar – getreu an den Bibeltext und zeigt ausschließlich Jungen.

Dieses legendäre Kinderschlachten gehört zu den grausamsten Texten der Bibel, gab den Künstlern aber häufig Gelegenheit zu umfangreichen und dramatischen Kompositionen. Cranach ordnet sein um 1515 entstandenes Bild[58] dergestalt, dass mehrere Zonen entstehen, darunter zunächst im Vordergrund die – durch ihren Lichtwert hervorgehobene – Schar der bereits getöteten Säuglinge, die als primäres Motiv die Aufmerksamkeit auf sich ziehen. Links schließt sich das eigentliche Töten an, das – wie man an dem Erdolchen eines überkopf hängenden, am Bein gefassten Kindes sieht – an Grausamkeit nichts offenlässt. Barmende und schreiende Mütter, klagende und geschundene Frauen verdeutlichen die Ohnmacht der einen, während die von links nach rechts sich durch das ganze Bild horizontal hinziehende Fülle der Ritterrüstungen, Helmzieren, Federbüsche, Lanzen und Pferde die selbstsichere und geharnischte Macht der Soldateska Herodes' verdeutlichen.

Über den beiden Zonen mit Müttern und Kindern einerseits sowie mit den Schergen andererseits hat Cranach eine horizontale Trennung eingebaut; darüber findet man in der Mitte Herodes unter dem altanartigen Rundbogen. Seine Ratgeber begreifen zum Teil, welche Ungeheuerlichkeit hier stattfindet, indem die Söhne eines Volkes allein zum Zwecke des Machterhalts des Herrschers hingemetzelt werden. Deshalb zeigen einige Assistenzfiguren des jovial-selbstzufriedenen Herodes besorgte und erschrockene Gestik und Mimik.

Die Lanzen als martialische Tötungswerkzeuge ragen hoch hinauf, überschneiden die mittlere Linie und verbinden damit die Bildelemente. Ausgespart ist lediglich der eine Bildsektor oben links, dem sie nichts anhaben können: Dort sieht man, wie Maria und Joseph mit dem winzig aus dem Umhang herausschauenden Christuskind die Flucht gelingt, kurz – das Motiv der Errettung und Verheißung. Die Unantastbarkeit Christi drückt Cranach ganz sinnfällig aus, indem die Lanze des rotgewandeten Ritters präzise an diesem Bildausschnitt vorbeigeführt wird und sich – wie einige andere auch – auf den mit mörderischer Schuld behafteten Herodes richtet.

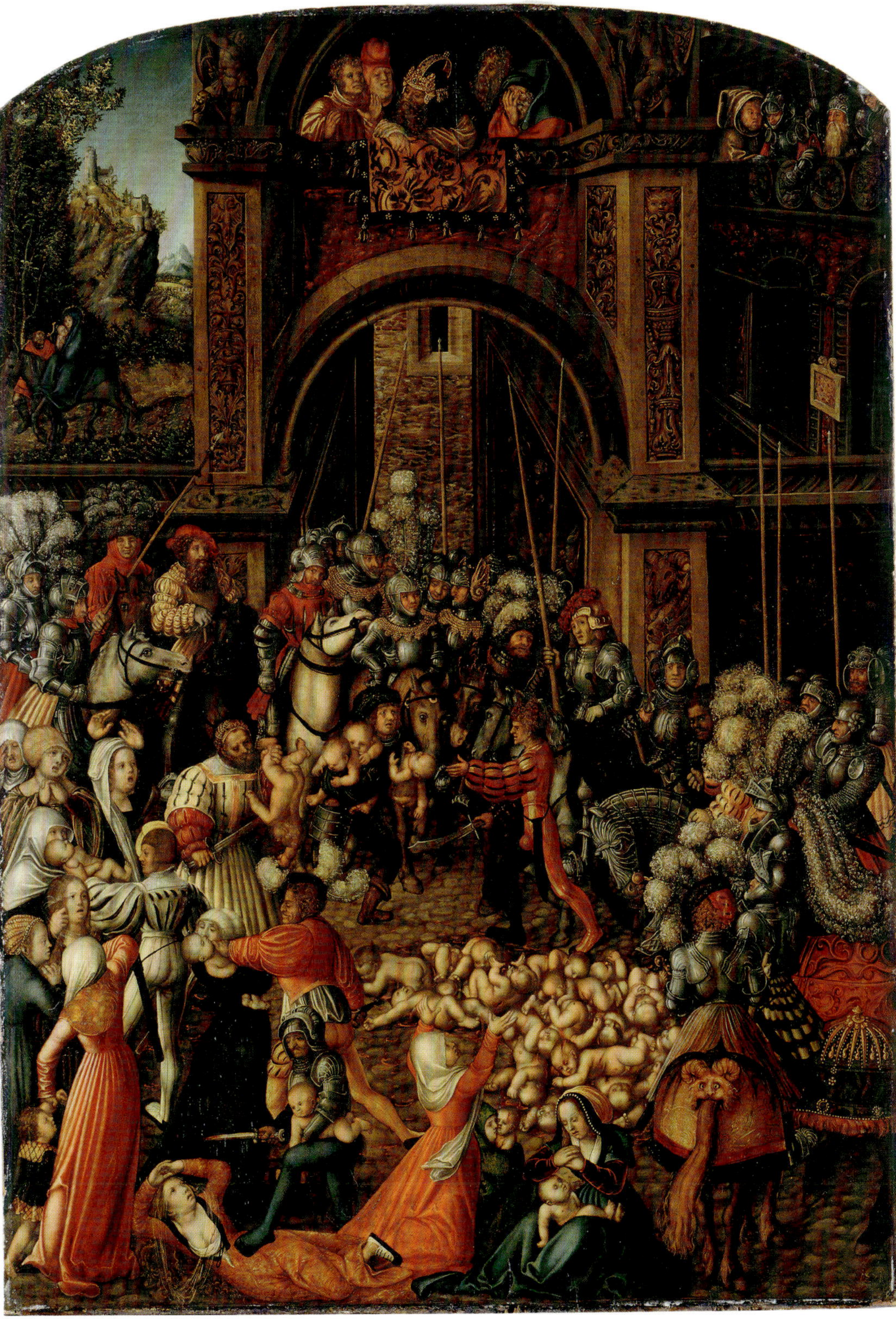

Lucas Cranach d. Ä.

Die Austreibung der Händler aus dem Tempel, um 1510

Lindenholz, 146 x 100 cm

Gal.-Nr. 3861

Turbulente, vielgestaltig erzählerische, zu verweilendem Schauen einladende Kompositionen gehörten zu Cranachs Repertoire ebenso wie Bildnis und ganzfiguriger Akt. In der Tradition der Altäre des 15. Jahrhunderts mit ihrem Szenenreichtum steht auch der sogenannte Mölbiser Altar mit der Austreibung der Händler aus dem Tempel, dessen Seitenflügel allerdings im Zweiten Weltkrieg verloren gingen, so dass heute der Altarcharakter nur noch verkürzt erfahrbar ist.[59] Die Flügel zeigten außen die Auferstehung Christi (als Hinweis auf den fundamentalen Glaubensgrundsatz der Auferstehung von den Toten) und die Heilige Anna Selbdritt (als Hinweis auf die Menschwerdung Christi und auf seine Einbindung in eine irdische Familie als kleinste Form der Gemeinde). Auf den Innenseiten gab es Darstellungen der Heilung eines Blinden durch Christus und der Heilung eines Kranken am Teich Bethesda: Mit diesen beiden caritativen Wunderszenen schlossen sich die drei inneren Bilder zu einem Zyklus solcher Momente aus dem Leben Christi, die sein irdisches Wirken thematisierten. Das zentrale, alleine erhaltene Bild beruht auf dem in mehreren Evangelien überlieferten Kapitel, das davon berichtet, wie Jesus nach Jerusalem kam und dort die Geldwechsler und Viehhändler im Tempel vorfand und sie zornig hinaustrieb: Glaube und Käuflichkeit sind unvereinbar. Damit lässt sich diese Szene als vorreformatorischer Vorgriff auf Luthers kirchenkritische Thesen und auf seinen Protest gegen Ablasshandel verstehen.

Ähnlich wie beim »Bethlehemitischen Kindermord« (S. 38 f.) verwendet Cranach auch hier die Architektur zur kompositorischen Separierung der Teilszenen. Das untere Bilddrittel vereint in grotesk unruhiger Komposition die gestrauchelten, gehetzten, gegeißelten Wechsler und Händler, wohingegen die mittlere Zone rechts die Jünger Jesu und links die das Geschehen ruhig beobachtende Gemeinde aufnimmt. Die Einzigartigkeit Christi wird sowohl durch seine kompositorische Isolation von den drei Gruppen verdeutlicht als auch durch seine gestische Einzigartigkeit wie auch durch die Bezugnahme auf den Pfeiler des Tempels: Indem er sich direkt vor diesem tragenden Architekturelement befindet, wird er – symbolisch – zu einem Grundpfeiler der bereinigten Kirche stilisiert.

In der altdeutschen Kunst wurde diese Szene selten behandelt, doch hatte Dürer das Motiv in die Kleine Holzschnittpassion aufgenommen. Cranachs davon in den Details unabhängiges Gemälde ist noch nicht vollständig ausgedeutet; die beiden lünettenartigen Reliefs – vielleicht eine Reminiszenz an die zahlreichen gemalten Skulpturen in der niederländischen Altarmalerei des 15. Jahrhunderts – sowie das mittlere rötliche Rundrelief geben Rätsel auf. Eventuell sollen der einem herkulischen Hieb erliegende Kentaur links sowie wie sein Gegenstück rechts, der einen stoischen Stier am Schwanz zieht, darauf verweisen, dass es sich hierbei um ein entscheidendes Spiel der Kräfte handelt. Möglicherweise aber sind es lediglich architektonische Ausstattungselemente, mit denen Cranach ohne genauere Antikenkenntnisse doch – anhand von ihm nur literarisch bekannten und hier frei imitierten ›antikischen‹ Kentauromachien? – sinnfällig machen wollte, dass es sich um eine vor-christliche Architektur handelt.

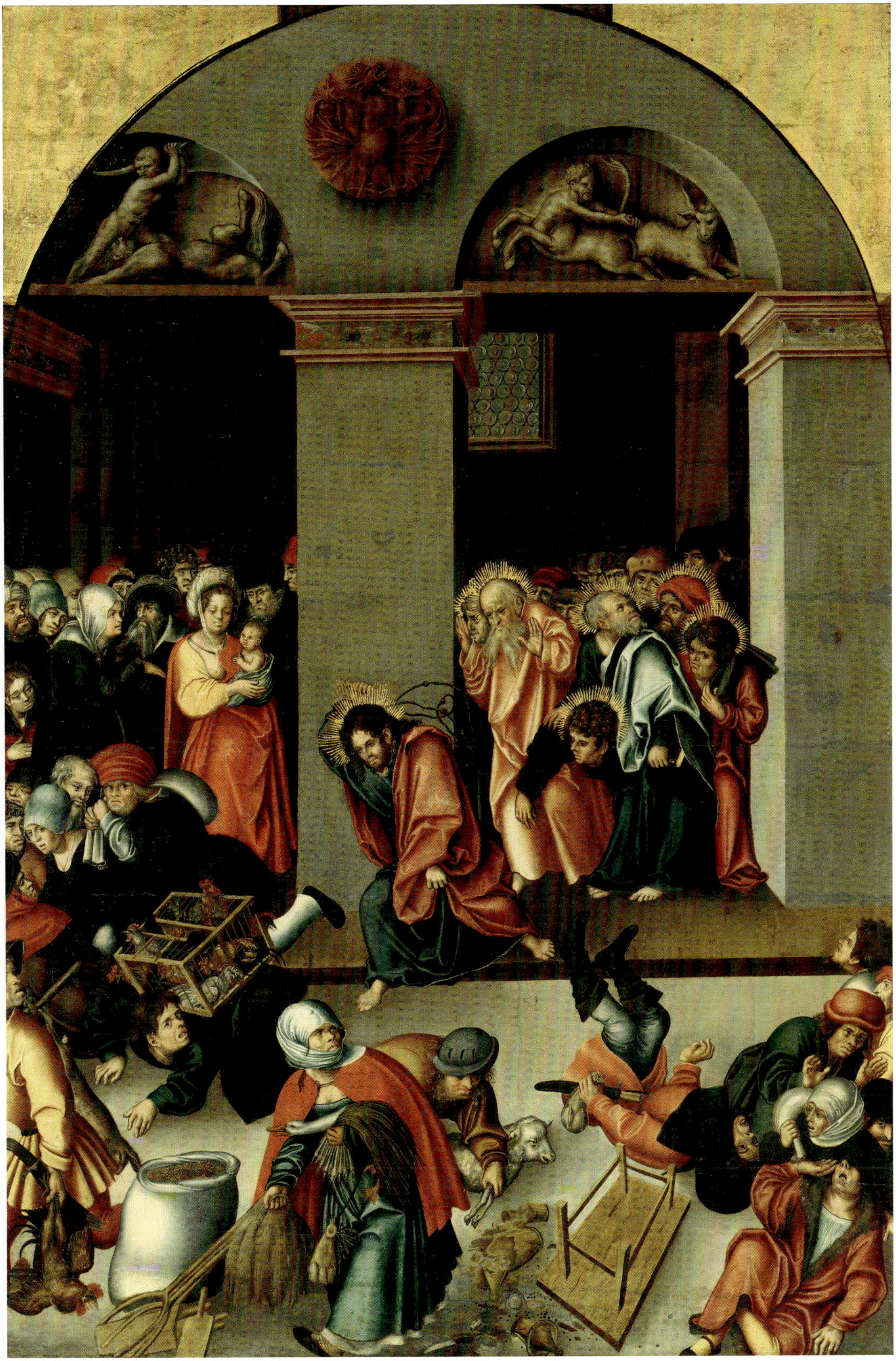

Lucas Cranach d. Ä.

Christi Abschied von Maria, um 1520

Lindenholz, 86 x 60 cm

Bez. rechts oben mit geflügelter Schlange

Gal.-Nr. 1907

Flockig auszipfelnde Wolken, von faserigen Flechten behangene Äste und schroffe Bergformen – all dies transportiert Reminiszenzen der Landschaftsauffassung, die Cranach in seinen frühen Jahren bei den Künstlern der Donauschule kennengelernt hatte. Die malerischen Landschaftselemente bilden die Folie einer dichten Szene, die den Ausblick in diese archaisch-unberührte Gegend nahezu verstellt: Christus nimmt, sich von links oben den Frauen am rechten Bildrand nähernd, Abschied von seiner Mutter und ihren Begleiterinnen.[60] Während er sanftmütig und beschwichtigend die Hände öffnet und schicksalsergeben seinem – ihm vorab schon bewussten – Martyrium als seiner göttlichen Bestimmung entgegengeht, barmt die Mutter um ihren Sohn, trägt sie den Schmerz um ihn ins Gesicht geschrieben und gestisch sichtbar in sich, zumal sie gleichsam unter der unabwendbar erwarteten Passion des Sohnes schon in mitleidender Haltung gebückt ist. Auch ihre Begleiterinnen – darunter eine mit feinstem, modischem Kopfschmuck des frühen 16. Jahrhunderts – bringen Mitgefühl und -leid zum Ausdruck. Der Abschied Christi von Maria ist nicht als biblische Textstelle belegt, wohl aber schon bei Dürer graphisch behandelt worden; für die Frömmigkeit der Jahrzehnte um 1500 spielte diese Szene, die ganz maßgeblich auf Empathie und auf der Anerkennung menschlicher Gefühle beruht, offenbar eine besondere Rolle.

Die intensive Aufforderung zum Mitgefühl, die diesem Gemälde (ebenso wie der in Wien befindlichen Zweitfassung) eigen ist, hat ihre Vorläufer in der niederländischen Malerei des 15. Jahrhunderts, darunter etwa in den Werken Rogier van der Weydens, da auch sie diese expressive Ausformulierung von Gefühlen pflegten und die Emotionalität zu ähnlicher Intensität und Glaubhaftigkeit brachten. Es ging dabei stets um essentielle menschliche Erfahrungen, um eine direkte Hinführung der Gläubigen zur menschlichen Wahrhaftigkeit Christi und Mariae, also um eine nicht-offizielle, sondern dezidiert persönliche und emotionale Frömmigkeit.

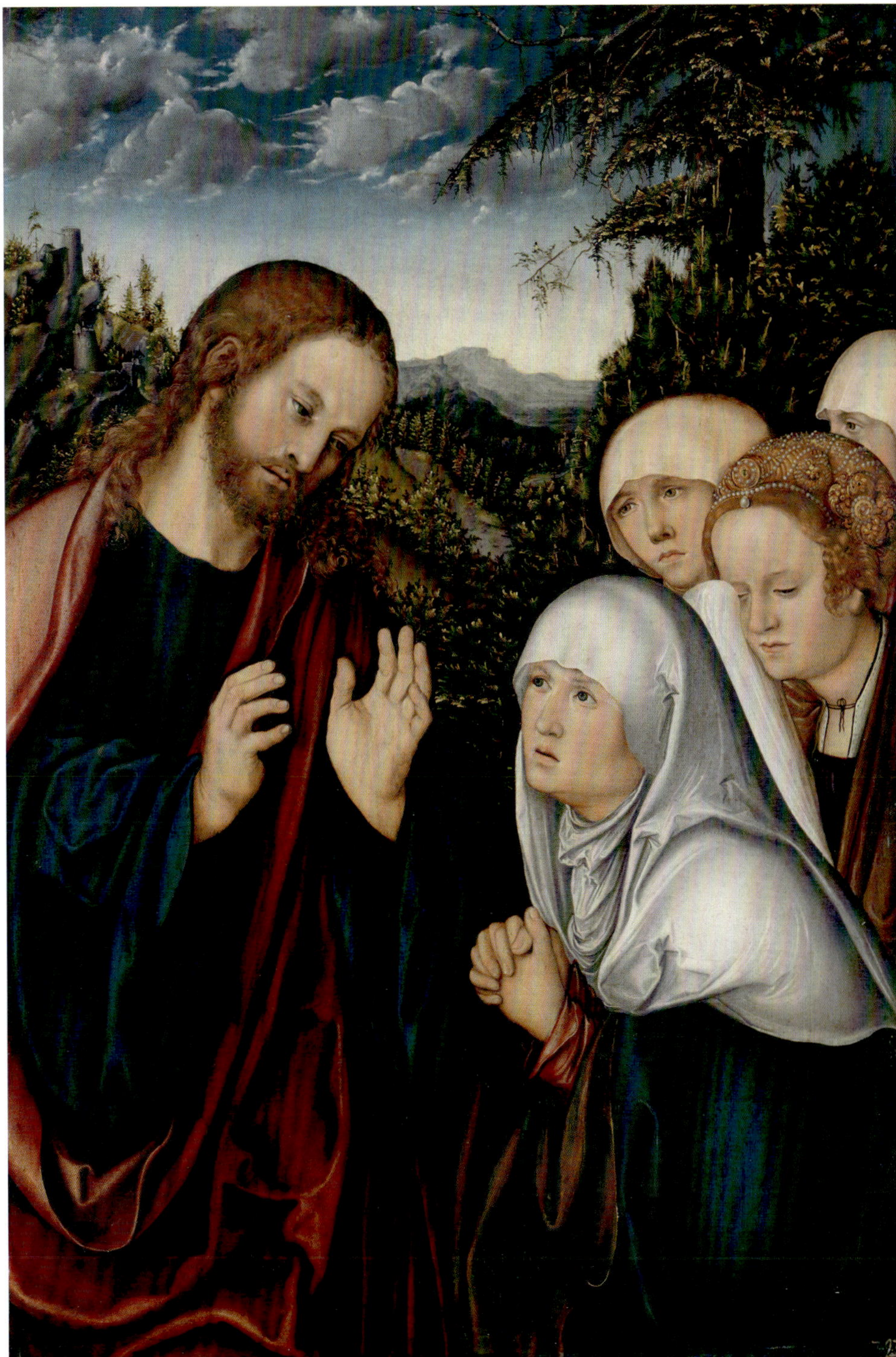

Lucas Cranach d. Ä.

Christus am Ölberg, um 1520

Lindenholz, 68 x 40,2 cm

Bez. rechts unten mit geflügelter Schlange

Gal.-Nr. 1908

Die kleinteilige Bearbeitung landschaftlicher Details, wie sie bei »Christi Abschied von Maria« (S. 42 f.) zu sehen war, und die gloriose Lichtregie, die man etwa bei der »Geburt Christi« (S. 36 f.) sah, verbinden diese Werke der Jahre um 1520 miteinander. Die Darstellung, die Christus am Abend vor seiner Gefangennahme im Garten Gethsemane zeigt,[61] gehört zu einer nur lose untereinander verbundenen Gruppe von Passionsszenen, die in jenen Jahren entstanden. Allerdings sind die Darstellungen mit Szenen aus dem Wirken Christi – etwa die »Austreibung der Händler aus dem Tempel« (S. 40 f.) – zahlreicher, woraus man schließen darf, dass die aktive Ausübung des Glaubens für Cranach und seine Auftraggeber einen höheren Stellenwert hatte als die Leidenserduldung des Martyriums. So dürfte die Vielzahl derartiger Bestellungen auch darauf hinweisen, dass eine »vita activa« Vorrang hatte.

Ähnlich wie beim »Abschied Christi« ist auch hier eine starke Separierung der Figuren zu bemerken; nur durch eine marginale Berührung zwischen dem blauen und dem weißen Gewand ist seine Gestalt an die der drei schlafenden Jünger angebunden, im eigentlichen Sinne aber ist er auf sich allein gestellt und aufgrund der allzumenschlichen Schwäche seiner Begleiter unüberbrückbar einsam im Gebet. Der Engel trägt den Kreuzstamm als Vorzeichen der nun einsetzenden Passion herbei, eine Handvoll Häscher naht bereits in grauen Rüstungen zwischen blassem Gestein hinten rechts, noch kaum sichtbar – und doch schon als konkreter Ausblick auf die Gefangennahme greifbar.

Vorne schlafen in drei je verschiedenen Haltungen Jakobus am Rande, der junge, lockige Lieblingsjünger Johannes und der greise, barhäuptige Petrus, der mit dem Schwert einem Häscher das Ohr abschlagen wird, was als ein letzter Versuch der Treuebekundung gemeint ist. Sie sind wie in einer Insel zusammengefasst, ja – gedrängt. Das himmlische Licht – das stärker ist als die hinten aufziehende irdische Morgendämmerung – bleibt ihnen verborgen.

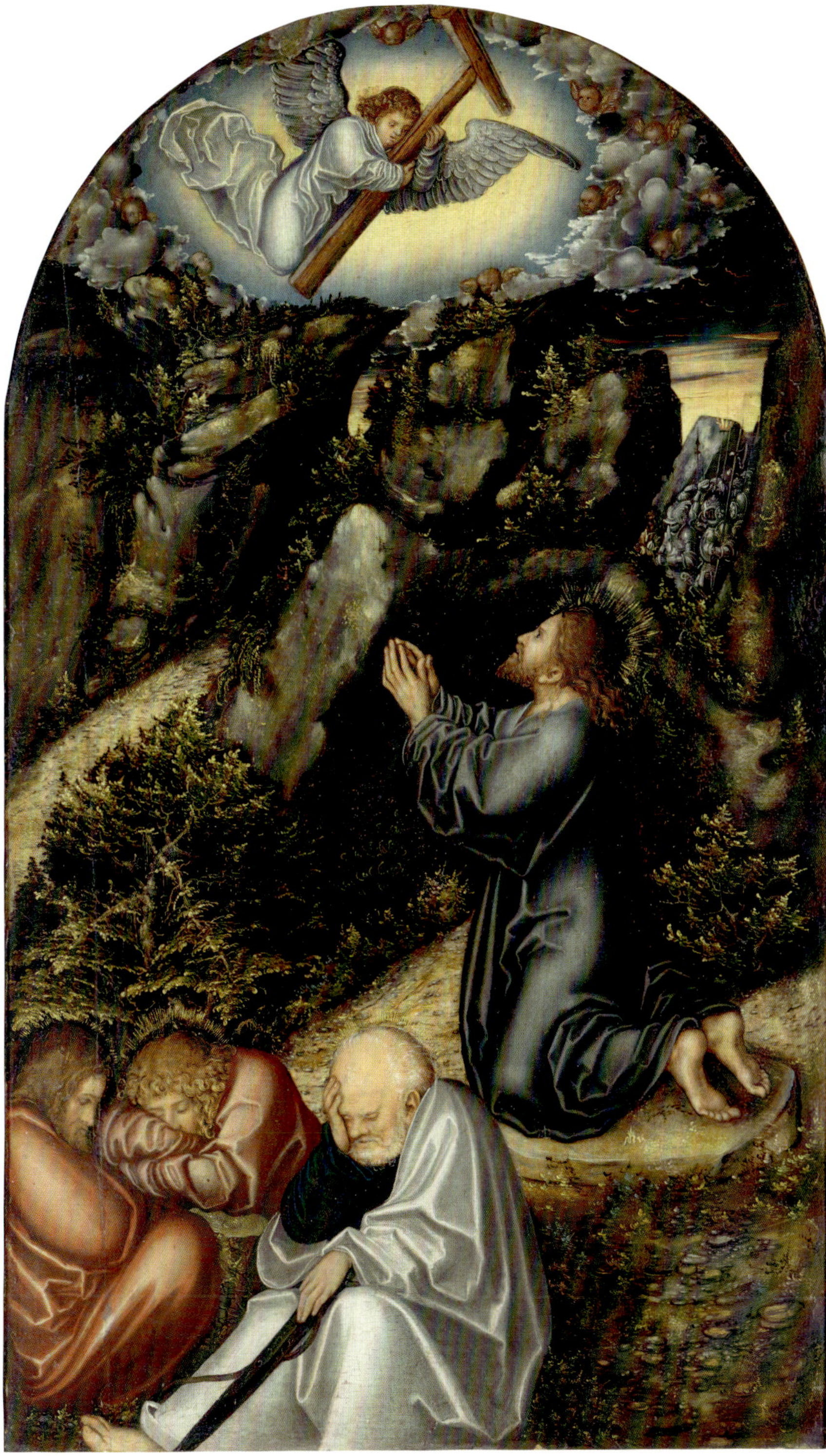

Lucas Cranach d. Ä., Werkstatt

Ausstellung Christi, um 1515/20

Lindenholz, 86 x 46,3 cm

Gal.-Nr. 1932

Cranach nutzte mehrfach geradezu schematisch gegliederte Kompositionen, um die polyfokal verfolgten Erzählstränge der Leidensgeschichte Christi auf formelhaft geklärte Einzelszenen zu konzentrieren und dabei doch einen Gesamteindruck zu gewähren. Dieses Verfahren ermöglichte es ihm, bei der Ausstellung Christi, also der öffentlichen Präsentation nach Gefangennahme, Geißelung, Dornenkrönung und Verspottung, das Geschehen so umfassend darzubieten, dass der erste Eindruck der einer szenischen Einheit ist:[62] Auf dem für Cranachs Zeit modern-architektonisch gerahmten Balkon wird der gebeugte, doch noch immer würdevoll-demütige Christus vorgeführt, ja geradezu entblößt, indem Pilatus seinen roten Umhang demonstrativ öffnet und der geharnischte Krieger links zur Hand geht: »Ecce homo«, zu deutsch: »Seht, welch ein Mensch!«, dieser Ausspruch wird aufgegriffen von der teilweise als derb und feist charakterisierten Menschenmasse rechts unten, die in sich geschlossen erscheint und Pilatus abfordert, er solle Christus kreuzigen lassen.

Zwei sichtlich verwahrloste Gefangene werden derweil aus dem Kellerverlies links unten durch einen Knecht herbeigeführt; sie sind allerdings – im Unterschied zu Christus – noch leidlich zivil gekleidet und nicht halbnackt den Blicken der Spötter preisgegeben. Diese dritte Teilszene verweist gedanklich darauf, dass Christus neben den zwei Verbrechern gekreuzigt werden wird, aber – der suchende Blickkontakt des vorderen mag das anklingen lassen – auch auf den Umstand, dass der eine der beiden sich noch in letzter Minute zum christlichen Glauben bekennt und damit zum Heil hinfindet.

Während Cranach und seine Werkstatt großen Fleiß auf bestimmte Elemente wie etwa die Physiognomien, Rüstungs- und Kleidungsstücke verwandte, gibt es auch auffällig weite Partien wie etwa das rote Ziegeldach und die Mauer seitlich des Portikusmotivs, die grob schematisch behandelt sind. Hierin drückt sich seine Ökonomie der Zeit aus, die zweifellos zu der großen Produktivität der Werkstatt beitrug und vielleicht auch von der Höhe der jeweiligen Bezahlung abhing.

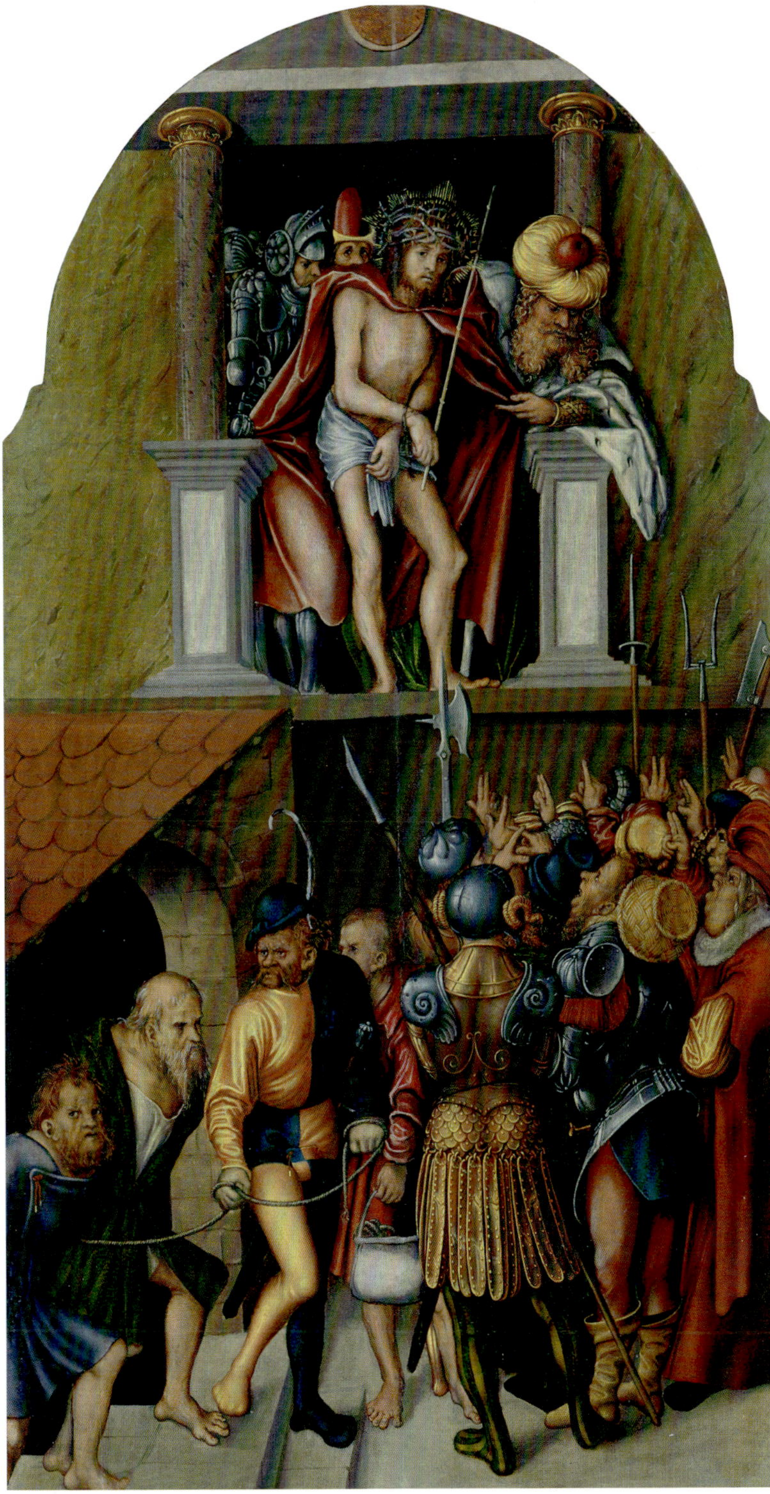

Lucas Cranach d. Ä.

Christus als Schmerzensmann an der Geißelsäule, 1515

Lindenholz, 60 x 52,3 cm

Bez. rechts oben mit geflügelter Schlange
im Cartellino: 1515

Gal.-Nr. 1906 D

Dürer wie Cranach haben sich wiederholt dem Thema des Schmerzensmannes gewidmet, das in hohem Maße an die Einfühlung und das Mitleid des Gläubigen appelliert, und namentlich Dürers »Schmerzensmann« aus der Kupferstichpassion von 1509 ist als prägender Vorläufer dieser Schöpfung von Cranach anzusehen.[63] Der wundbedeckte Christus steht in dem Bilde nicht solitär – eine solche, noch radikalere Lösung bieten ähnliche Darstellungen in Wien und Berlin[64] –, sondern ist in eine mehrfigurige Komposition eingebunden. Zwar beherrscht er die linke Bildhälfte, wobei seine Isolation schon räumlich durch das große Vakuum um ihn her erfahrbar wird, aber auf der rechten Seite sind ihm vier weitere Figuren als Fürsprecher beigegeben. Hierbei handelt es sich um den Lieblingsjünger Johannes und die Mutter Christi, Maria, die ihn bis zum Grabe begleiten sollten, sowie um den Hl. Sebastian – mit pelzbesetztem Mantel – und den Hl. Rochus mit Pilgerhut und Pilgermantel. Die beiden letztgenannten Heiligen firmierten gemeinhin als Pestheilige, und der Entstehungszusammenhang mit mehreren Pestepidemien um 1511/17 in Sachsen liegt von daher nahe. Überdies waren diese beiden auch von Kurfürst Friedrich dem Weisen zu seinen Schutzheiligen erkoren, weshalb man vermuten darf, dieser stehe hinter der Bestellung des Altars.[65]

Die von Cranach gemalte Architektur, die durchaus moderne Elemente der Renaissance enthält, unterstützt die Passionsbotschaft: Die Säule versteht sich als Analogon zum Stamm des Kreuzes, an das Christus genagelt wurde, und das Fensterkreuz mit den Butzenscheiben formt dezidiert einen Kreuznimbus. Christi Wundmale an Füßen und Händen sowie die Seitenwunde künden vom Kreuzestod, und Dornenkrone und Geißel verweisen auf die Verspottung und Kreuztragung. Die vier Assistenzfiguren beten zu ihm als dem Überwinder des Todes und der Sünde.

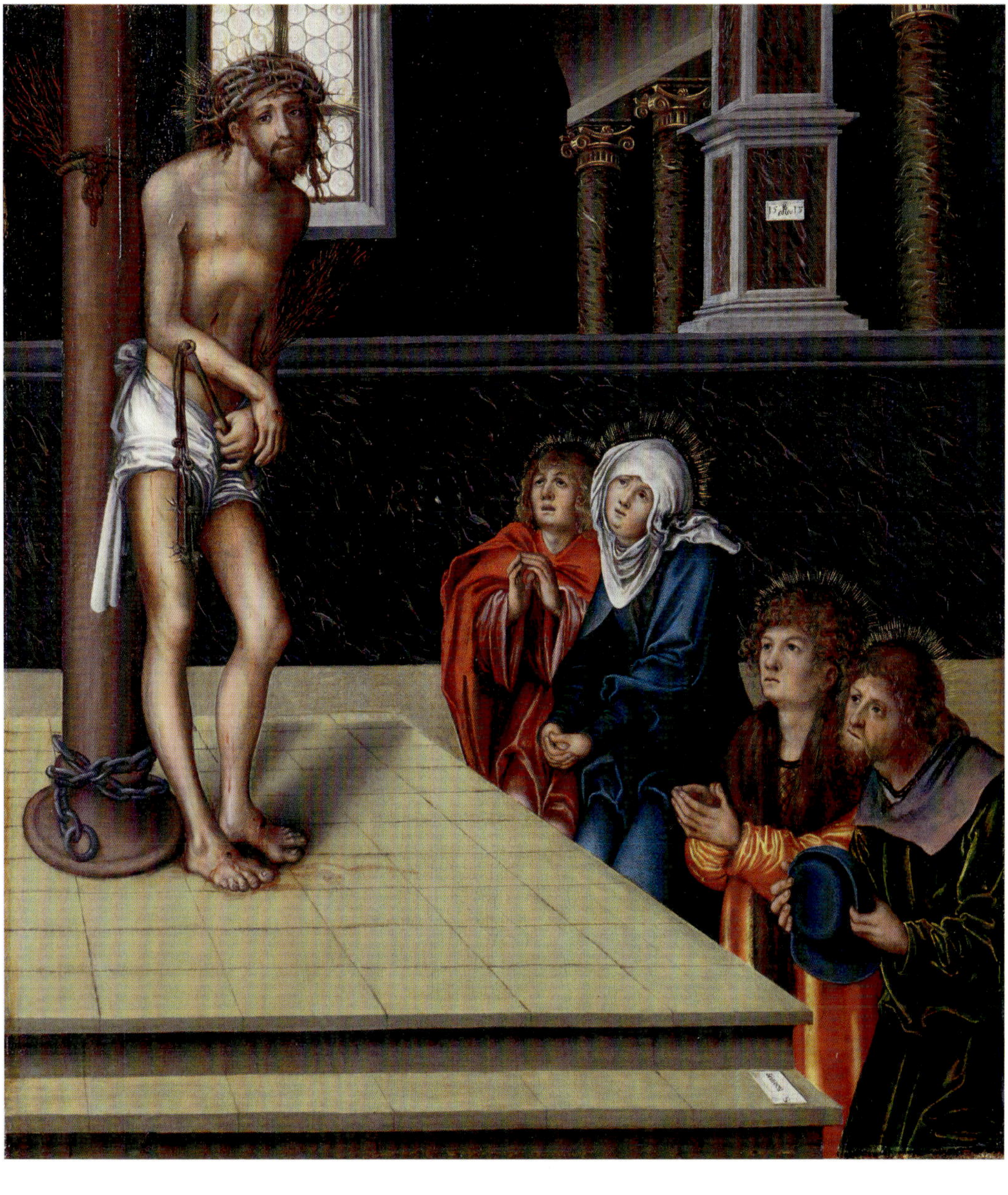

Lucas Cranach d. Ä.

Schmerzensmann zwischen Engeln, um 1540

Buchenholz, 58 x 79 cm

Gal.-Nr. 1914

Umgeben von rot- und weißgeflügelten Engeln, hinterfangen von einem neutralen dunklen Bildgrund, das Reisigbündel und die Geißel, womit ihn die Peiniger gepeitscht haben, in den Händen, und nur mit einem knittrigen Lendentuch gegürtet – so präsentiert sich der dornengekrönte Christus als Schmerzensmann, mitleiderregend, erbarmungswürdig.[66] Die Seitenwunde, die ihm im Sterben am Kreuz zugefügt wurde, die Nagelspuren an den Handrücken sowie die den Körper bedeckenden Striemen und Laufspuren des Blutes erzeugen ein dramatisches, Erschauern und Mitleid weckendes Bild des Elends. Dieser »Schmerzensmann« stellt sein Leid aus, um die Einfühlung der Gläubigen zu evozieren, und gehört einer Tendenz an, die seit dem späten 15. Jahrhundert vorherrschte und das Leiden Christi anschaulich vorstellte, um Empathie zu wecken.

Dieser Schmerzensmann wird um 1540 datiert, entstand also lange nach Einführung der Reformation. Noch zu dieser Zeit war das Thema »in unterschiedlichen Gewichtungen und Auslegungen sowohl bei den Altgläubigen als auch bei Luther und seinen Anhängern präsent«,[67] konstatierte Karin Kolb. In der Tat bietet dieses höchst einfühlung- und erbarmenheischende Bild die Essenz der gesamten Passion und umfasst durchlittenen Opfertod und Auferstehungsverheißung zugleich. Die Engel verkünden himmlischen Lohn und ewigen Lobpreis.

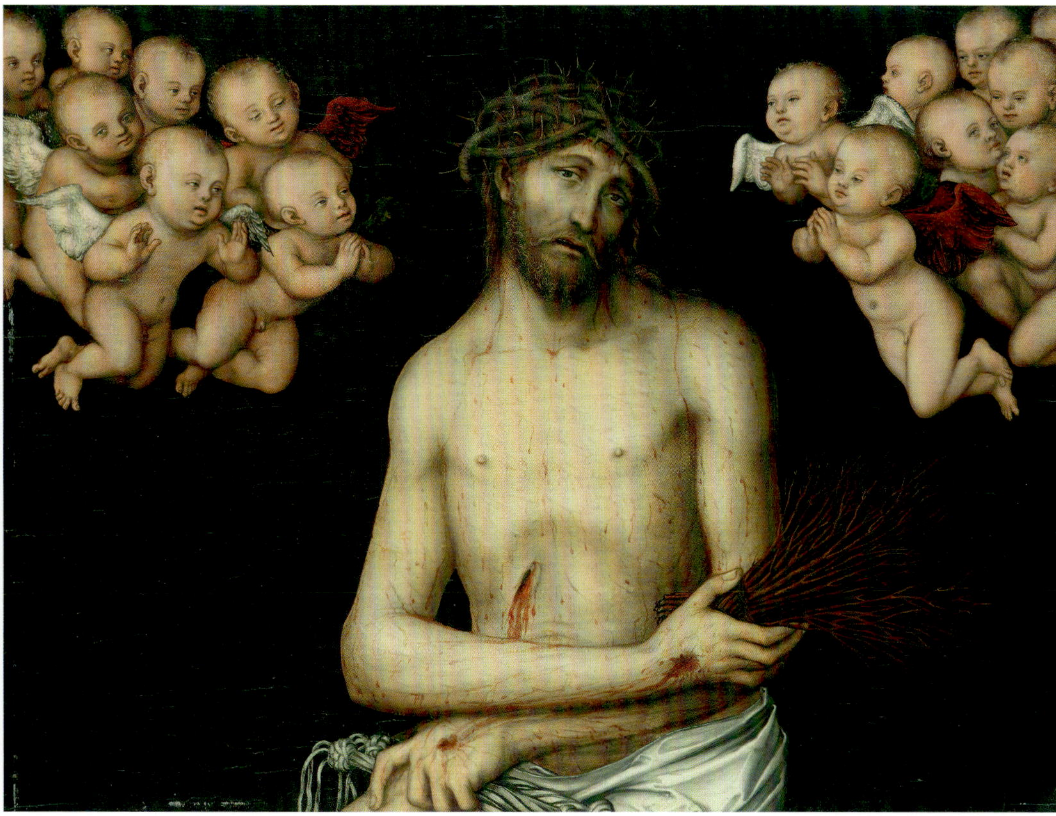

Lucas Cranach d. Ä.

Kurfürst Johann der Beständige von Sachsen, 1526

Lindenholz, 57 x 37 cm

Bez. rechts mit geflügelter Schlange: 1526

Gal.-Nr. 1908 B

Denkungsart und Glaubensfestigkeit waren es, die dem Kurfürsten Johann (1468 – 1532) den Beinamen »der Beständige« eintrugen. Er regierte das ernestinische Sachsen seit 1525 als Kurfürst, also als direkter Nachfolger Friedrichs des Weisen, der als Herrscher und Bauherr für die Residenzen zwischen Wittenberg, Coburg, Weimar und Torgau gewirkt und auch die Gründung der Wittenberger Universität im Jahre 1502 verantwortet hatte.

Johann der Beständige und Friedrich der Weise hatten zunächst gemeinsam regiert. Als Cranachs Porträt[68] entstand, lag gerade ein Jahr lang Alleinherrschaft hinter ihm. Das Bildnis zeigt den Kurfürsten in behäbiger und selbstgewisser Breite, repräsentativ, gelassen, furchtlos, und das individuell ausgearbeitete wohlgenährte Gesicht weist ihn als Freund diesseitiger Lebensgenüsse aus. Die kleinen Augen verraten Aufmerksamkeit und lassen den Herrscher von aller Unruhe frei erscheinen. Ganz seinem fürstlichen Stand gemäß ist der Pelz – ein anerkanntes Herrschafts- und Besitzstandsymbol – demonstrativ bildfüllend ausgebreitet.[69] Doch es handelt sich nicht im schlichten Sinne um ein Potentatenbildnis, sondern vielmehr um ein Erinnerungsbild mit Bezug auf ein Ereignis, wie aus den Attributen ablesbar ist: Der rote Nelkenkranz auf dem dunklen Haupthaar des über 60jährigen verraten, dass das Porträt anlässlich einer (allerdings nicht seiner eigenen) Hochzeit entstand: Es war die Eheschließung zwischen Johann Friedrich (dem Großmütigen) und Sibylle von Cleve in jenem Jahr. Die Halskette mit Kreuz und drei Ringen bekräftigt den Glauben des Dargestellten, der Siegelring am Ringfinger der linken Hand ›besiegelt‹ abermals das Standes- und Glaubensbewusstsein des Fürsten, der frei von Eitelkeit zu sein scheint.

Cranachs Fürstenbildnisse wurden oft in einem standardisierten Bildformat ausgeführt, und hierfür übertrugen Werkstattmitarbeiter die Bildvorlagen mittels Pausen. Die Porträts hingen in Ahnen- oder Fürstengalerien und dienten repräsentativen Zwecken. Ein solches Hochzeitsbild aber hat durchaus einen halbprivaten Charakter. Viele der Bildnisse zeigen die Dargestellten vor schwarzem Hintergrund. Andere haben farbige Bildhintergründe, die immer wieder anders gewählt sind. Dieser Farbwechsel mit den vielfältigen Tönen erinnert daran, wie Künstler vom Schlage Albrecht Altdorfers ihre Tonpapiere für Zeichnungen in eigener Regie herstellten und dabei zu delikatesten Varianten fanden – auch dies ein durchaus rein künstlerisches Gestaltungselement.[70]

Johann der Beständige war langjährig Cranachs wichtigster Auftraggeber; zwischen beiden bestand eine ideale Beziehung von Künstler und Herrscher, die sich später auch auf Johann Friedrich von Sachsen übertrug. Die Charakterisierung Cranachs, die Christoph Scheurl 1509 artikulierte, dürfte dafür das Fundament gelegt haben: »Wie aber jene alten Maler eine gewisse Liebenswürdigkeit hatten, so bist auch Du […] freundlich, gesprächig, freigebig, leutselig und gefällig und deshalb unserm Kurfürsten Friedrich nicht weniger lieb, als es Apelles dem Alexander war, bist Du auch dem Herzog Johannes nicht weniger angenehm, als es Protogenes dem Demetrius war.«[71] Die Harmonie zwischen Künstler und Fürsten mündete darein, dass letztere ihn im Atelier auf- und sein Gespräch suchten.

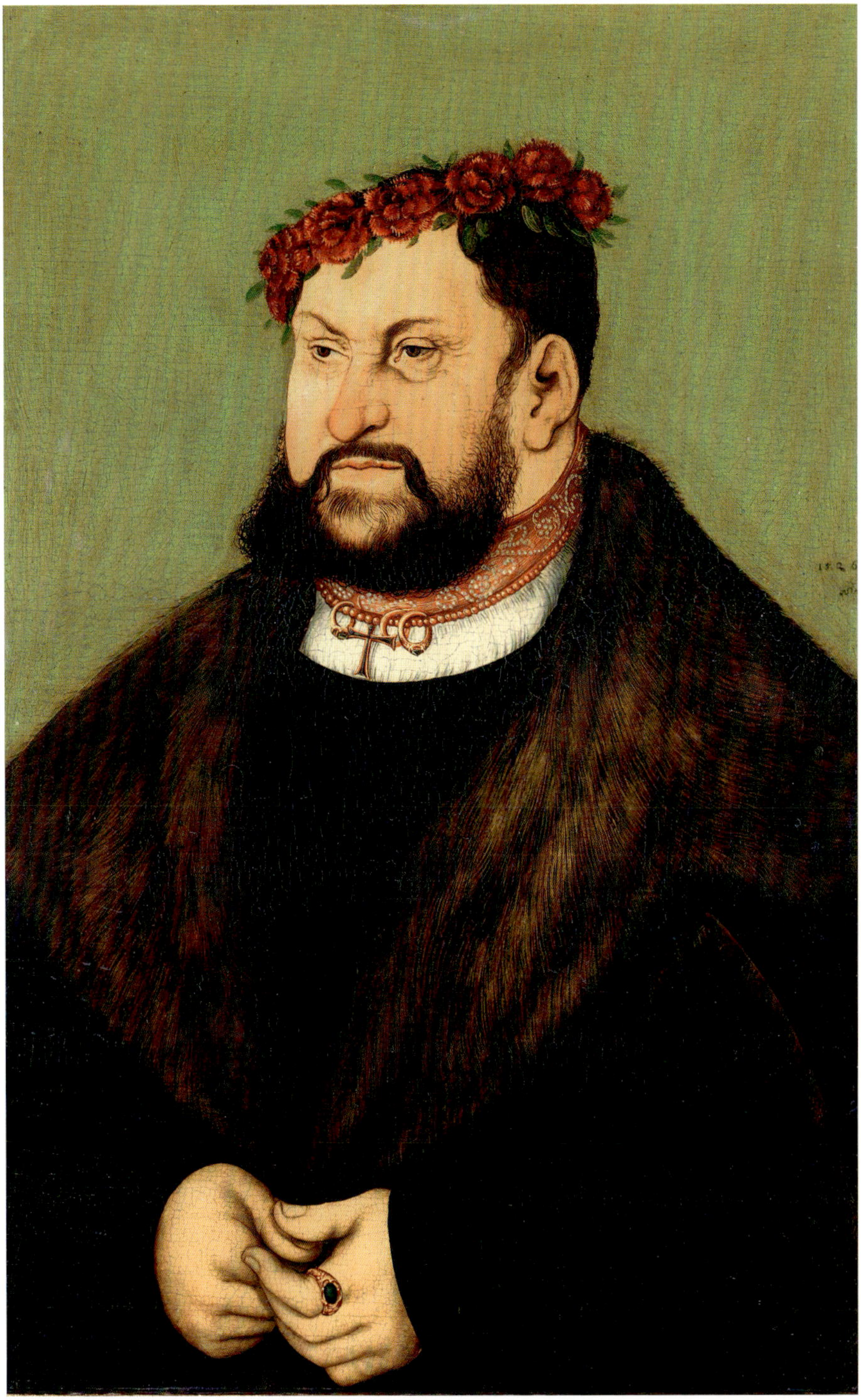

Lucas Cranach d. Ä., Werkstatt

Martin Luther, 1532

Buchenholz, 18,6 x 15 cm

Inschrift darunter rechts: . 1532 ./ aetatis sue 45

Inschrift oben rechts aus späterer Zeit: Obdormivit in/ anno 1546:/ 18. Feb./ Aetatis sue 63

Gal.-Nr. 1918

Die Bildnisse Martin Luthers (1483–1546) und Philipp Melanchthons (S. 56f.) stimmen nicht nur in ihrer künstlerischen Behandlung, in der Inschrift und den Nachträgen zu denselben überein, sondern auch hinsichtlich der Maße und der Materialstärken des Buchenholzes, auf das sie gemalt sind und das jeweils links 3,5 und rechts 2,9 Millimeter stark ist.[72] Diese Zwillingshaftigkeit unterstreicht die unmittelbare Verknüpfung der Täfelchen ebenso wie der vereinheitlichende moosgrüne Hintergrund und die einheitlich grün marmorierten Bildrückseiten. Man hat vermutet, dass die beiden Bilder möglicherweise »ursprünglich mit der Bildnisseite zueinander geklappt, mit auf Reisen genommen werden«[73] konnten, womit man freilich ein phänomenales und frühes Beispiel dafür vorliegen hätte, dass der herkömmliche Typus des Diptychons – traditionell fand man darauf eine sakrale Ikonographie wie etwa Christus und Maria oder zumindest eine Heiligengestalt mit einem Stifterporträt – hier ins Profane gewandelt worden wäre oder aber dass man Luther und Melanchthon ihrer kirchengeschichtlichen Rolle wegen wie die Heiligen der Reformation verehrt hätte.

Diese Bildnisse entstanden ein Jahr nach Gründung des Schmalkaldischen Bundes, der unter Leitung des sächsischen Kurfürsten und des Landgrafen von Hessen der Stärkung und Verteidigung des Protestantismus dienen sollte und der seinerseits eine Folge des 1530 abgehaltenen Augsburger Reichstages war, auf dem der Versuch scheiterte, eine Harmonisierung zwischen Katholizismus und Protestantismus herbeizuführen.

Cranach und Luther kannten sich schon ein Vierteljahrhundert, als dieses Bildnis entstand, und es waren andere Porträts – teilweise breitenwirksam als Kupferstich, teilweise aber auch von der Verbreitung dezidiert ausgeschlossen[74] – vorausgegangen, die ihn als Mönch, als Gelehrten oder auch als Junker Jörg zeigten. Von Luther ist durch Cranach »zwischen 1520 und 1533 spätestens alle drei bis vier Jahre ein neues Konterfei genommen worden«[75]. Diese Bilderfülle verstärkte den Nachruhm sowohl des Künstlers als auch des Dargestellten, und von anderen Künstlern wie Baldung Grien und Hieronymus Hopfer kennt man gar Darstellungen, die Luther mit der Taube des Heiligen Geistes und mit Heiligenschein zeigen.[76] Derartige Apotheosen blendete Cranach im vorliegenden Bildnis freilich ganz aus.

Als Johann Kaspar Lavater an seinem Standardwerk über die menschliche Physiognomie arbeitete, schrieb Johann Gottfried Herder ihm 1775: »Du schriebst mir einmal von Luther: ›Luthers Stirn hab ich häufig gesehen; aber facies oris vultusque noch nicht.‹ In meinem Vaterland Preußen sind Cranache von ihm, die mir in meiner Jugend ein tiefes Bild von ihm gegeben. Sobald ich einen kriege, will ich ihn schildern.«[77] Das Ansehen des Mundes und des entschiedenen Blickes sollte also transportiert wer-

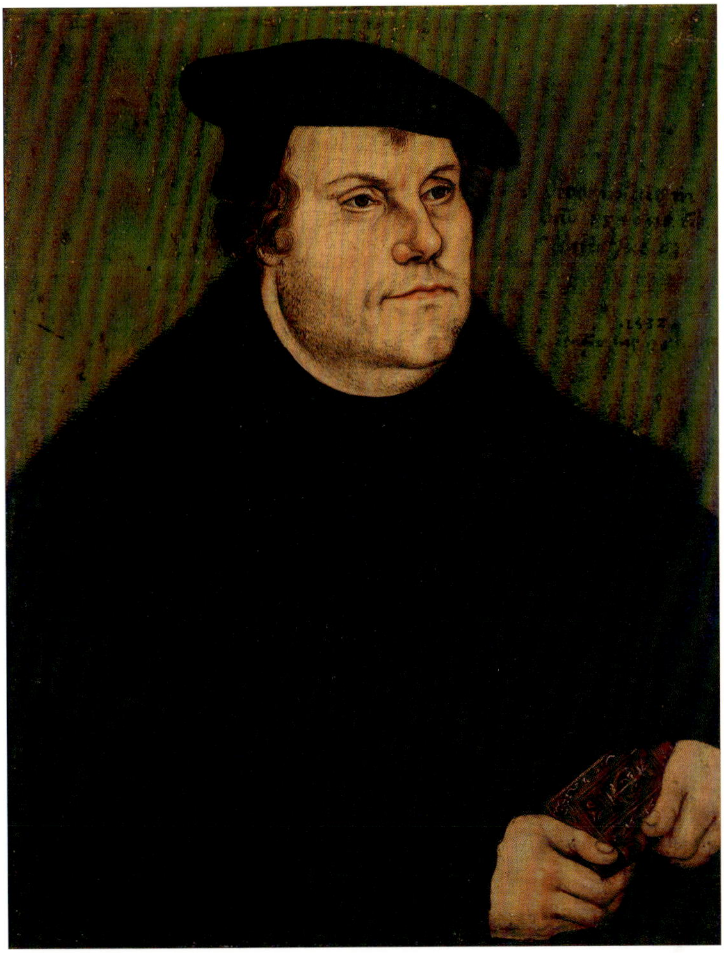

den; was, wenn man dies nicht nur wörtlich nimmt, sondern metaphorisch deutet, die Sprache und den Scharfblick des Reformators meinte.

Auch Houston Stewart Chamberlain, der Cranachs Lutherbildnis 1889 in Dresden gesehen hatte, bezog sich auf diese Ikone der deutschen Geistes- und Religionsgeschichte: »zum ersten Male fühlte ich: Also, *so* hat er ausgesehen! – Übrigens ist das Bild den üblichen Luther-Bildnissen nicht unähnlich, der Unterschied ist aber, dass Cranachs ein lebendiger Mensch ist, derb, grob, mit einem eigentümlich sentimentalen Zuge trotzdem um die Augen herum, und hinter der urkräftigen, trotzigen Erscheinung die Melancholie eines jeden wahrhaft Großen.«[78] Sein Resümee lautet dann: »Und man sieht hier recht, wie der Künstler das Höchste leistet, indem er den Menschen so gibt, wie er ist«.[79]

Lucas Cranach d. Ä., Werkstatt

Philipp Melanchthon, 1532

Buchenholz, 18,3 x 15 cm

Inschrift rechts: etatis sue 30

Inschrift oben links aus späterer Zeit: Obdormivit, in anno/ 1560. 19. Aprilis/ etatis sue 63 et 65/ dierum.

Gal.-Nr. 1919

Wie beim Luther-Porträt (S. 54 f.), so ist auch bei dem Bildnis des zweiten großen Reformators, Philipp Melanchthons (1497 – 1560), eine nachträgliche Inschrift beigefügt, die das Todesdatum betrifft und damit auf eine ursprünglich offizielle Präsentation hindeutet.[80]

Beide Porträts wurden zu weitverbreiteten Ikonen der Reformation. Cranach und Melanchthon hatten sich gut gekannt, letzterer ersterem auch Ideen zu reformatorischen Bildinhalten geliefert, während der Künstler die Züge des Denkers kanonisierte und darinnen das Bild eines scharfsinnigen Klerikers – gelegentlich, wie in der Frankfurter Version, auch mit Buch – überlieferte. Im 19. Jahrhundert kursierten Versionen dieser Porträts unter den historisch Interessierten, wie aus Aufzeichnungen des Berliner Arztes Ernst Ludwig Heim ersichtlich: Dieser notierte 1803, er habe dem Geheimen Kabinettsrat Karl Friedrich von Beyme »die Portraits des D. Luther und Melanchthon von Cranach gemahlt geschenkt. Ein großes Geschenk!«[81] Beyme war unter dem preußischen König Friedrich Wilhelm III. für die Berliner Akademie der Künste zuständig und engagierte sich nachdrücklich für das erste, das von Johann Gottfried Schadow realisierte Wittenberger Lutherdenkmal. Ähnlich wie bei Lavater (S. 54) richteten sich die Interessen dieser Zeit auf verlässliche historische Abbildungen und treffende Charakterbilder der Reformatoren.

Philipp Melanchthons weit verbreitete Bildnisse wurden allerorten wahrgenommen. Als Paul Klee 1902 in Florenz die Uffizien aufsuchte, wandte er sich den deutschen Künstlern zu, fand Dürer gut vertreten und Holbein etwas weniger, aber: »Am besten Lucas Cranach (neben Adam und Eva) mit dem Miniaturdoppelporträt von Melanchthon und Luther, einer sehr starken Leistung. Melanchthon ragt wieder besonders hervor«,[82] wie er am 11. Mai 1902 an Lily Stumpf schrieb. Was Klee in diesem Bild sah, kann man erahnen: Die ideale Formulierung einer prägnanten Geistigkeit, was seiner eigenen scharfsinnig-ironischen Intellektualität freilich besonders nahestand.

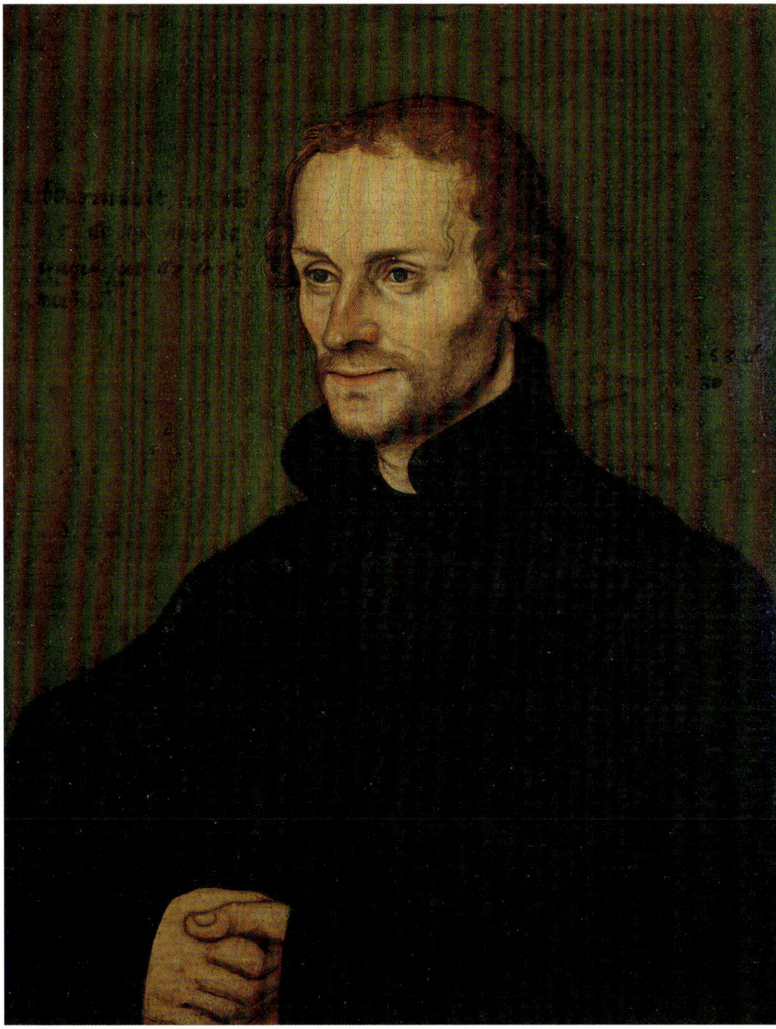

Lucas Cranach d. Ä., Werkstatt

Darstellung Christi im Tempel, um 1535/40

Lindenholz, 84 x 120,5 cm

Gal.-Nr. 1935

Erzählerisch ausgebreitet und doch auf die vom kindlichen Christus gebildete Bildmitte konzentriert, so bietet sich Cranachs Behandlung der »Darstellung Christi« der ›lesenden‹ Betrachtung.[83] Bei der Szene handelt es sich um eine Geschichte, der zufolge der Erstgeborene im Tempel Gott geweiht, d. h. ihm ›vorgestellt‹ wird. Zwei Tauben dienen als Opfertiere, bei reicheren Familien auch ein Lamm und eine Taube. Im Tempel treffen der vier Wochen alte Christus und seine bekanntlich unvermögenden Eltern auf Simeon und Hanna, nach anderer Lesart begegnen sie einander auf dem Wege zum Tempel. Dem schon betagten Simeon war geweissagt worden, er werde erst sterben, nachdem er Christus gesehen habe, und er ging – zu der Zeit, da Christus in den Tempel gebracht wurde – aus innerem Antrieb auch dorthin, wo er das Kind antraf und in die Hände nahm. Eben diesen Moment kurz vor der körperlichen Berührung stellt Cranachs Tafel dar. Es folgt darauf dann Simeons Ausspruch: »Herr, nun läßt du deinen Diener im Frieden fahren, wie du gesagt hast; denn meine Augen haben deinen Heiland gesehen.« (Lukas 2, 29 – 30) Die Szene verweist somit auf eine allererste Einlösung eines zuvor gegebenen göttlichen Versprechens durch die – eigentlich altersgemäß noch ganz unbewusste – Person des Christus als Kind. Cranachs kleiner Jesus aber hebt einladend, vorausweisend und fast schon segnend die Hand.

Wenn also durch Simeons Begegnung mit dem Kinde eine Weissagung sich erfüllt, so wird dies zum exemplarischen Hinweis darauf, dass sich die biblischen Verheißungen generell erfüllen werden – oder allgemeiner: Es ist eine Bekräftigung der gesamten biblischen Heilsbotschaft, was wiederum ganz dem reformatorischen Anliegen entsprach, die biblischen Texte von Entstellungen zu reinigen und die gottesdienstliche Praxis auf den Kern- oder Urtext der Heiligen Schrift zurückzuführen.

Simeon steht links und zeigt eine fromm-anbetende Geste. Am Bildrand vorne kniet ein das Weihrauchfass schwenkender Tempeldiener, in dem man – aufgrund des hierfür üblichen Darstellungsmodus – einen Stifter zu sehen geneigt sein könnte, da er als einziger zum Kinde aufblickt und also signifikant unterhalb der historischen und heilsverkündenden Ebene angesiedelt ist. Hinter dem Altar sieht man Hanna, eine der Bibel zufolge hochbetagte Witwe und Prophetin, die ihr ganzes Leben auf den Tempel ausgerichtet hatte, also ein Exemplum frommen, gottergebenen Lebens.

Um die geradezu einem pantomimischen Ensemblespiel vergleichbare Menschengruppe nicht zu stören und vielleicht auch aus Kosten- oder Aufwandsgründen verzichtete Cranach auf die Tempelarchitektur.

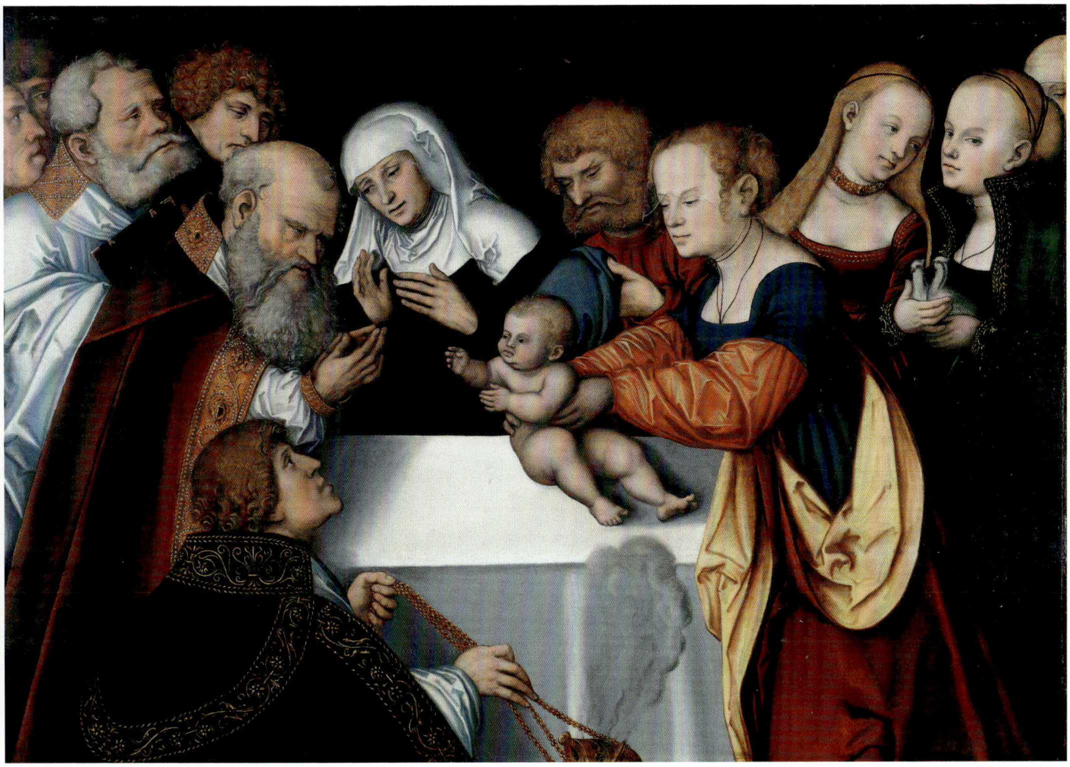

Lucas Cranach d. J.

Adam und Eva, nach 1537

Lindenholz, 172,7 x 63,3 cm (Adam), 171,8 x 63 cm (Eva)

Bez. (Eva) mit geflügelter Schlange

Gal.-Nr. 1916 A (Adam) und 1916 AA (Eva)

Motivisch schließt sich Lucas Cranach d. J. selten so eng an die Arbeiten des Vaters an wie hier, doch zugleich nimmt er Modifikationen der werkstatteigenen Bildtradition vor, die herausführen aus der Strenge väterlicher Formfindung und die die Ikonographie weiter ausdifferenzieren: Im Unterschied zu dem nur wenige Jahre älteren Bildpaar (S. 32–35) sind hier nun nicht dunkle, neutrale Hintergründe gemalt, sondern werden die Silhouetten der ersten Menschen gerahmt von dunkel ausfaserndem Buschwerk des Paradieses und lagert bei Eva ein respektabler Hirsch als typologischer Hinweis auf Christus als den späteren Erlöser von der – durch Eva ausgelösten, gemeinsam mit Adam begangenen – Ursünde.[84] Auch halten beide einen Reis mit Apfel vor die Scham, der aber nicht mehr am Stamme wächst, sondern davon abgelöst ist. Die Beherrschung der Anatomie scheint allerdings etwas zurückgefallen; gerade an der Verkürzung von Adams linkem Oberarm ahnt man eine Unrichtigkeit, die bei der anderen Haltung Adams auf dem väterlichen Bild nicht entstanden war und die ihre Ursache offenbar darin hat, dass Cranach der Jüngere sich hier eine künstlerische Selbständigkeit zutraute, der er doch noch nicht ganz gewachsen war.

Hatte Lucas Cranach d. Ä. noch einen Blickbezug von Eva zum Betrachter aufgebaut und diesen somit in die Debatten um die Ursünde einbezogen, so schließt sich hier nun die Komposition hermetisch ins sich. Adam, sich skeptisch am Kopf kraulend, wird aus der ursprünglichen Rolle des Abwartenden umgemünzt in einen Zweifler, Eva aber schaut um so lieblicher und verführerischer. Beide Bildpaare befinden sich seit dem 16. Jahrhundert in den Dresdner Sammlungen, erst in der Kunstkammer, dann in der 1707 installierten Bildergalerie.

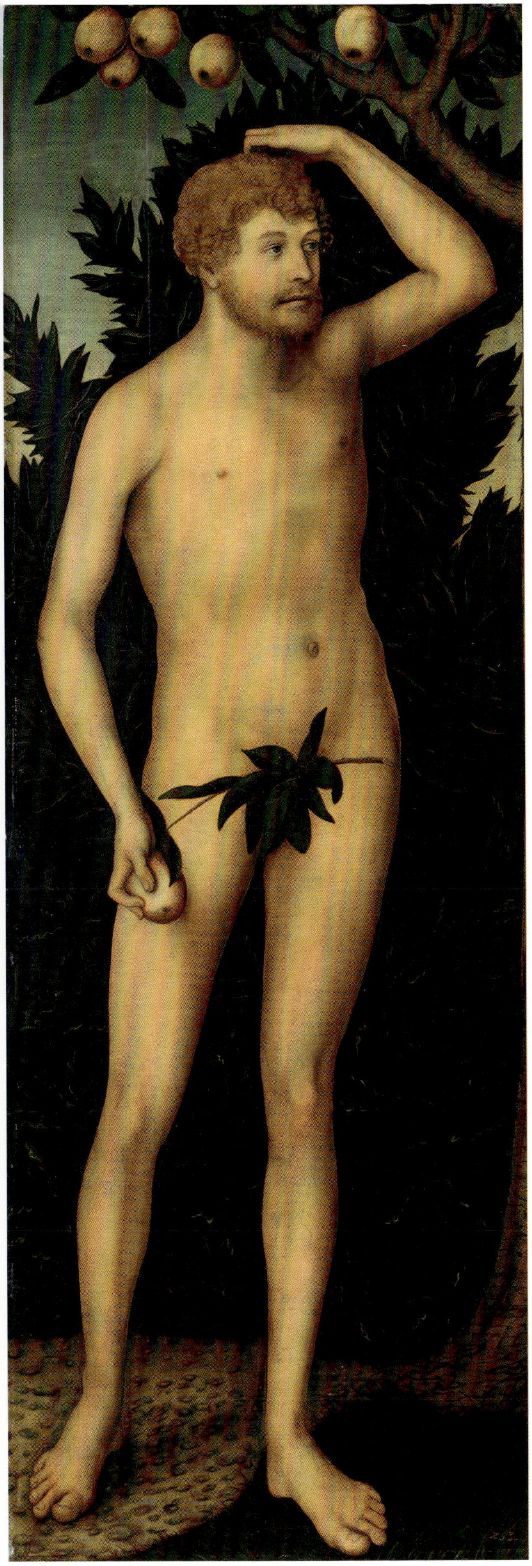

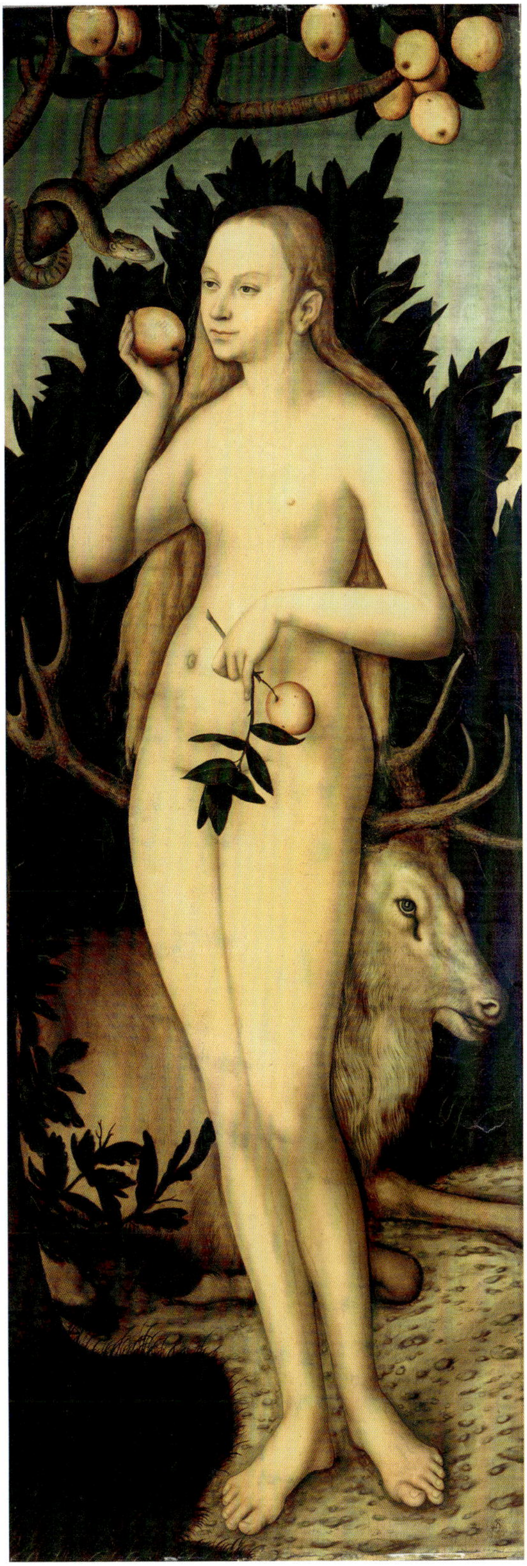

Lucas Cranach d. Ä.

Christus segnet die Kinder, 1538

Buchenholz, 85,5 x 120 cm

Bez. oben rechts mit geflügelter Schlange: 1538

Inschriften oben: VND SIE BRACHTEN KINDLEIN ZV IM DAS ER SIE ANRVRETE/ MARCVS. AM X

Gal.-Nr. 1924

Lucas Cranach schuf zahlreiche Tafeln von annähernd gleichem Format, die erahnen lassen, dass dieser Normierung eine serielle Produktion in dem gut organisierten Wittenberger Werkstattbetrieb zugrundelag. Dennoch wurden die vielfigurigen Bildfindungen selten stereotyp repetiert, sondern unterlagen interpretatorischen und ästhetischen Modifikationen. Das der protestantischen Botschaft engstens verbundene Thema des die Kinder segnenden Christus[85] ist heute in 25 Tafeln aus der Cranach-Werkstatt bekannt und kann daher als Beispiel für die außerordentliche Popularität gelten, die diesem Künstler und seinen Werken beschieden waren. Dabei wurde dieses biblische Sujet vor Cranach wohl nie in der Tafelmalerei behandelt.

Im zehnten Kapitel des Markus-Evangeliums wird berichtet, dass Christus lehrend durch das Land zog und nicht nur zur Frage der Ehe konsultiert wurde – er beschied in diesem Zusammenhang »Was denn Gott zusammengefügt hat, soll der Mensch nicht scheiden« (Markus 10, 9) –, sondern dass er auch die Kinder segnete: »Lasset die Kindlein zu mir kommen und wehret ihnen nicht; denn solcher ist das Reich Gottes. Wahrlich, ich sage euch: Wer das Reich Gottes nicht empfängt wie ein Kind, der wird nicht hineinkommen.« (Markus 10,14 – 15) So geht es in diesen Szenen aus dem Wirken Christi um die Familie, um Gebote, um Heilsversprechungen und das rechte Leben, um Liebe und Nächstenliebe, Glauben und Gottvertrauen. Wenn Cranach und seine protestantischen Auftraggeber eben diese Darstellung, wie Christus die Kinder segnet, so häufig anforderten, dann muss dem ein damals allgemeinverbindlicher konfessioneller Gedanke zugrundegelegen haben: Die Szene zielt auf den einfachen, unverfälschten Glauben ab, der allen, auch den Kindern, zugänglich sein soll. Alle Menschen haben zudem – und unabhängig von kirchlicher Mitwirkung – schlechthin als Kinder Gottes zu gelten und sind daher a priori durch ihn – beziehungsweise durch seinen Stellvertreter Christus – gesegnet.

Cranach variierte die Szene teilweise mit echtem Bildwitz, so bei einem in der Hamburger Kunsthalle befindlichen Exemplar, wo sich ein Kind in den Gewandsaum Christi einwickelt und zwei andere miteinander streiten. Dresden besitzt zwei Versionen des Sujets, einmal mit Halbfiguren (von Cranach d. Ä.) und einmal als ganzfigurige Darstellung mit Bühnencharakter (von Cranach d. J.), die im Abstand von nur zwei Jahren entstanden. Zwei weitere Versionen befanden sich früher ebenfalls hier, wurden aber im 19. Jahrhundert versteigert, womit schon damals kunsthistorische Debatten um Eigenhändigkeit und Zuschreibungen verknüpft waren.

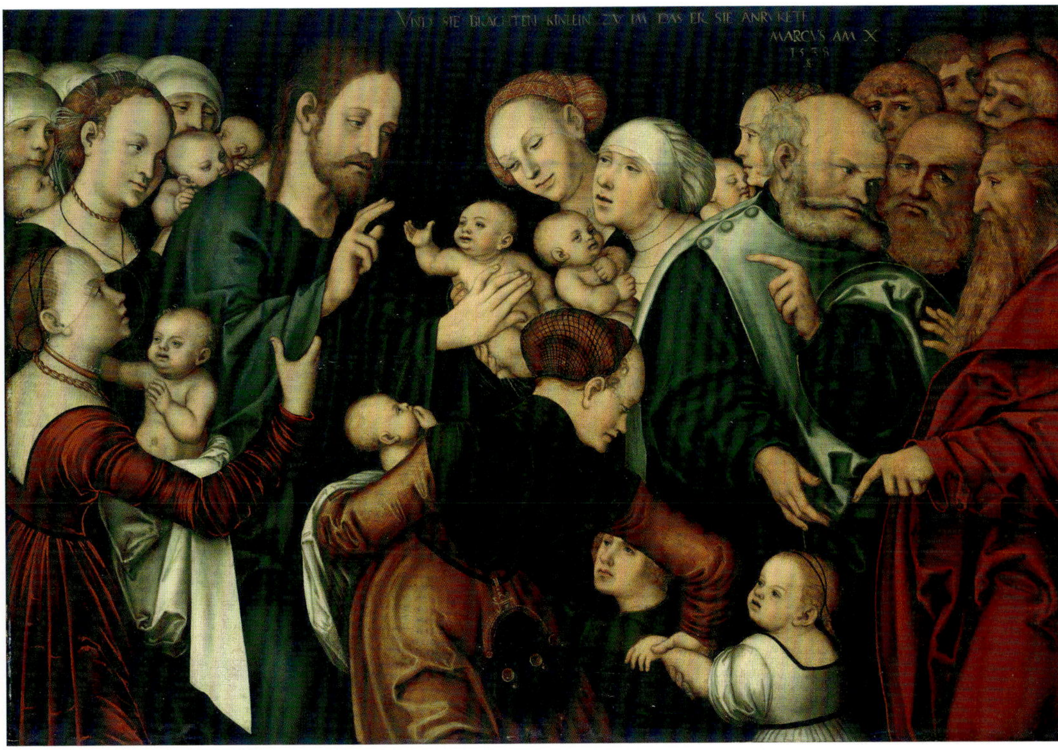
MARCVS AM X

Lucas Cranach d. J.

Predigt Johannes' des Täufers, 1543

Lindenholz, 72,5 x 121 cm

Bez. unten links mit geflügelter Schlange: 1545

Inschrift oben: Lucc: am III Ca:/ Ir hoff und krigsleute last euch an eür besoldung/ behagen und beschwert noch übersetzt niemands/ und swantzet den leuten nit das ihre ab./ Im letzten Buch Mossi am XVI. Ca:/ Dan wer schanckungen nimt kann nit einem wie dem/ andern das Recht vnd die Warhait widerfahren lassen.

Gal.-Nr. 1925

Die Kunst der Cranach-Werkstatt ist in großem Maße auf das Wort bezogen, hat eine in hohem Grad moralisierende Funktion und unternimmt oftmals den Schritt, die biblischen Texte in die damalige Gegenwart und zugleich ins Allgemein-Menschliche zu transponieren, so dass sie nicht als Illustrationen der Heiligen Schrift, sondern als Leitfaden zum rechten Glauben und als Stellungnahmen in den Religionsdebatten des Reformationszeitalters begriffen werden konnten.

Das Bild zeigt Johannes den Täufer am linken Rand auf einer Kanzel, die aus einem mächtigen Baumstumpf, zwei Astgabeln und einem querliegenden Stamm gebildet wird.[86] Mitten im Wald – also fern von Kirche oder Tempel – predigt der einsiedlerisch lebende Johannes den Bürgern und Höflingen, Kriegsknechten und Rittern: Er mahnt – unter Bezugnahme auf Altes und Neues Testament –, dass sie genügsam sein und niemandem zur Last fallen sollen, den Leuten nichts abschwatzen mögen, dass sie keine (Bestechungs-)Geschenke annehmen und allen Menschen Recht und Wahrheit widerfahren lassen sollen. Es geht hier also letztlich um Tugendbegriffe, die dem Adel und dem Militär eingetrichtert werden, und dies war wohl um 1543, als das Werk entstand, besonders wichtig, da das Bewusstsein herrschte, dass es möglicher- ja wahrscheinlicherweise zu Glaubenskriegen kommen könne. Mit einer solchen gemalten Epistel zielten die Auftraggeber also auf absolute Loyalität und vollkommensten Gerechtigkeitssinn. Ein derartiger, an die reformationstreuen Truppen gerichteter, prophylaktischer Appell verstand sich als Aufruf, dass sie sich von den katholisch-habsburgischen Truppen durch die hier beschriebenen Tugenden unterscheiden und somit mittelbar dem Reformationslager zu einer sichtbaren moralischen Überlegenheit und sittlichen Berechtigung verhelfen sollten.

Das Thema wurde nicht nur in der Malerei – eine zweite Fassung ehemals in Dresden – verhandelt, sondern auch in der Druckgraphik. Der 1516 von Lucas Cranach d. Ä. ausgeführte Holzschnitt war die erste Darstellung der Predigt Johannis' als autonomes, nicht in einen Zyklus eingebettetes Werk.[87] Man darf sich wohl vorstellen, dass späterhin gerade ein solches Einzelblatt der moralischen Aufrüstung der im Schmalkaldischen Bund vereinigten Truppen dienstbar gemacht werden konnte. Insofern konnte es bei einer solchen Darstellung um erheblich mehr gehen als lediglich um Loyalität, Unbestechlichkeit und Untertanentreue.

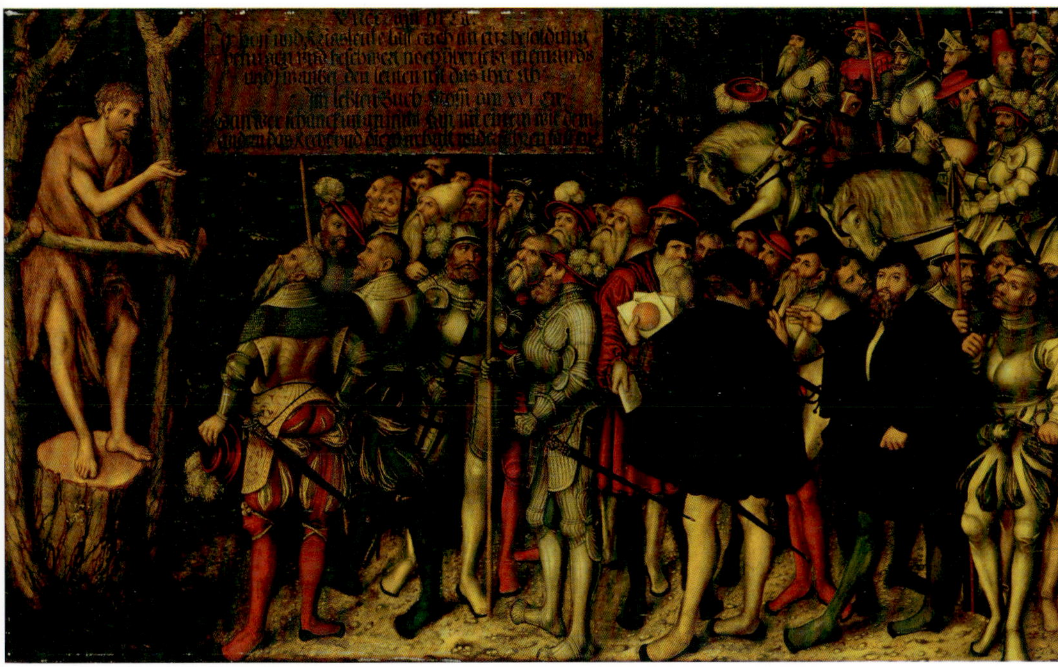

Lucas Cranach d. J.

Salome mit dem Haupt Johannes' des Täufers an der Tafel des Herodes, 1537

Buchenholz, 82,5 x 121 cm

Bez. oben rechts mit geflügelter Schlange: 1537

Gal.-Nr. 1923

Johannes der Täufer war der lebenslange Wegbegleiter und Freund Christi; er wurde häufig in spielender Vertrautheit mit dem Jesuskind gezeigt oder wie er den Jüngeren taufte. Noch unter dem Kreuz gehörte er mit der Mutter, Maria, zu den getreusten Bekennern. Sein Ende allerdings zählt zu den blutrünstigen Episoden der Bibel, versteht sich aber auch als eine der charakteristischen Märtyrergeschichten, in denen es um ein absolutes Bekenntnis zum christlichen Glauben und zu ethischen Maßstäben geht.

Johannes hatte in seinen Predigten das ehebrecherische Verhältnis zwischen König Herodes Antipas und Herodias, der Mutter der Salome, angeprangert und ihm also öffentlich seinen sozialen Normenbruch vorgehalten. Als nun Salome zum Geburtstagsfest des Königs überaus schön und verführerisch tanzte, dankte Herodes ihr hierfür leichtsinnigerweise, indem er ihr unter Eid einen Wunsch freistellte. Daraufhin fordert Salome, von ihrer Mutter angestiftet, von Herodes den Kopf Johannes' auf einer Schüssel, was der Herrscher – um seine Glaubwürdigkeit zu wahren – auch gewähren musste.

Johannes stirbt also für die Aufrechterhaltung sozialer Normen, Salome macht sich zur Komplizin der Mutter Herodias, und diese – im Bild zentral hinter dem Tisch – nimmt tückisch Rache an dem, der ihre Freizügigkeit kritisiert hatte. Herodes, der im Bild als zweiter von links neben dem Henker mit der Hand am Schwert auftaucht, ist allerdings von der überaus grausamen Konsequenz seines übereilten Schwurs, dass er der Salome jeden Wunsch erfüllen werde, überrascht. Er hebt abwehrend und mit skeptischem Blick die Hand, da er sieht, für welches Opfer er verantwortlich wurde, weil und indem er sich der Intrige von Herodias und Salome ausgeliefert hat. Während er mit verborgenem Schrecken auf die kaltblütig präsentierte Schale schaut, schmeichelt ihm Herodias und fährt mit ihrer rechten Hand schon unter seinen Arm – was sie um so verlogener erscheinen lässt. So thematisiert dieses Bild[88] nicht nur das grausame Ende einer Zentralfigur des Neuen Testaments, sondern vor allem das Renaissance-Thema der »Weibermacht«, also eine moralisierende Frage danach, ob und in welchem Maße die männliche Kraft und Vernunft der List der Frauen erliegt.

Dieses Drama von Shakespeare'scher Prägnanz wird auf den linken zwei Dritteln der Bildfläche anschaulich entwickelt. Von rechts treten dann noch einige Männer heran, die – ironische Steigerung des brutalen Vorgangs – sich um eine harmlose Schale mit Früchten gruppieren und gleichsam ein unblutiges Beiwerk liefern. Oder sollte man gar das Obst ausdeuten und in den Äpfeln einen Hinweis auf das Paradies und den Sündenfall, in den Beeren den Hinweis auf Wein und damit auf das Blut Christi (und also auch auf die Auferstehung) sehen? Die rechts umherstehenden Männer scheinen jedenfalls das grausame Geschehen moralisch zu erörtern: Sie sind gesprächsweise miteinander verbunden, was dem Humanismus als einer Geisteshaltung mit starker Wertschätzung von dialogischer Rede und Widerrede – man denke etwa an Luthers Tischgespräche – durchaus adäquat erscheint.

Diese Tafel gilt als eines der frühesten Werke, das Lucas Cranach d. J. schuf. Etwa zeitgleich endet die zeichnerische Tätigkeit des Vaters.[89] Es ist die Zeit intensiver Arbeiten der Werkstatt an Gemälden

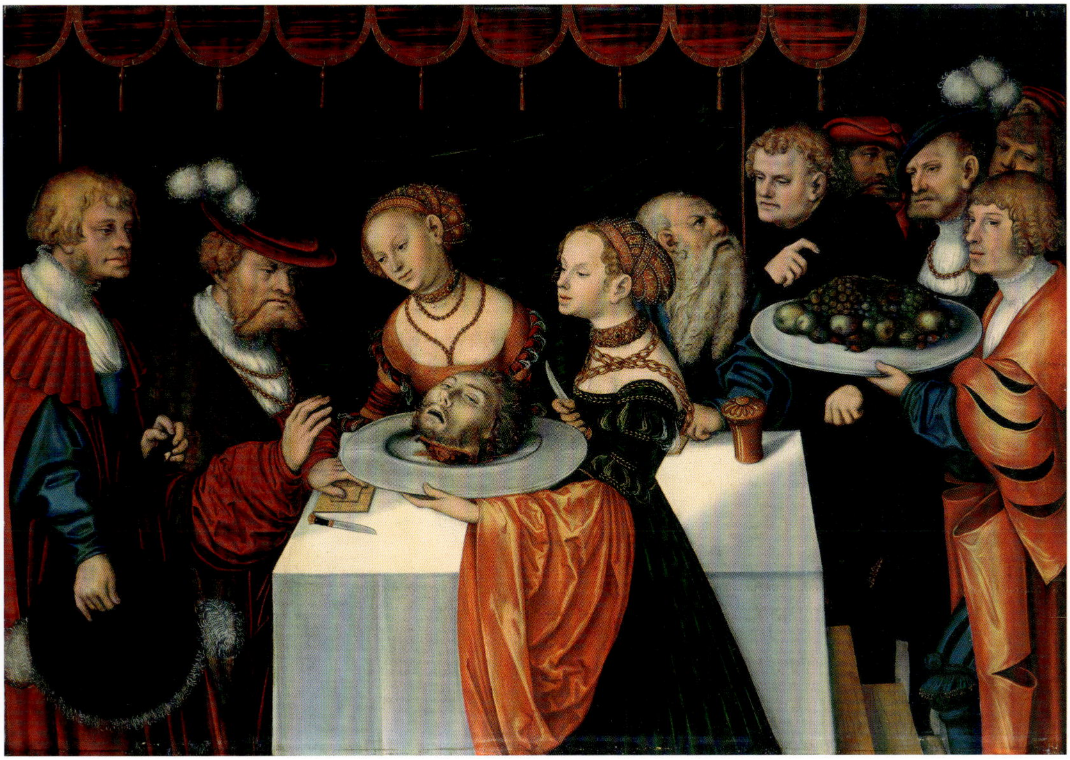

und eines fundamentalen Wechsels zwischen den Generationen, da gerade in den vorangegangenen Jahren die Söhne verstärkt in die künstlerische Produktion des Vaters einbezogen worden waren und nunmehr der Sohn Lucas sichtbarer in Erscheinung trat, während ein Bruder bereits in Italien verstorben war. Das vorliegende Bild sowie weitere, einer Serie der »Weiberlisten« zugehörige Werke wie etwa »Simson und Delila« sowie »Salomons Götzendienst« (S. 80 f., 68 f.) gehören zu einem Konvolut von Bildern Cranachs des Jüngeren aus dem Torgauer Schloss, das 1657 von dort nach Dresden überführt und in die hiesige Kunstkammer integriert wurde.

Lucas Cranach d. J.

Salomons Götzendienst, um 1537

Lindenholz, 74 x 121,5 cm

Bez. unten Mitte mit geflügelter Schlange

Gal.-Nr. 1928

Ähnlich wie bei »Salome mit dem Haupt Johannes' des Täufers« (S. 66 f.) handelt es sich auch bei der mehrfigurigen, betont luftig-weiträumig komponierten Szene mit »Salomons Götzendienst«[90] um ein doppelt deutbares Motiv, indem einerseits das Thema der Weibermacht berührt und andererseits die Frage der religiösen Identität gestellt wird: Im 1. Buch Könige, Kapitel 11 wird die Geschichte des betagten König Salomon überliefert, der von seinen Frauen – er hatte zahlreiche Haupt- und Nebenfrauen – auf Glaubensirrwege geführt wird, »so daß sein Herz nicht ungeteilt bei dem Herrn, seinem Gott, war«, und er diente »der Astarte, der Göttin derer von Sidon, und dem Milkom, dem greulichen Götzen der Ammoniter« (1. Könige 11, 4–5). Astarte war eine phönizische Gottheit, in der »das allen vorderasiatischen Völkern gemeinsame weibliche Natur- oder Weltprincip zur Erscheinung kommt«,[91] und sie wird durch Cranach als dezidiert fremdartig charakterisiert: Auf dem schlichten gestuften Altar steht, merkwürdig seitlich verrutscht, die mit hellem Untergewand und roter Schleppe gekleidete Göttin mit Buch und dunkler Hautfarbe. Salomon, in ein goldbesticktes Gewand gekleidet, seine zeitgenössisch-modisch gekleideten Frauen hinter sich wissend, betet kniend zu Astarte und nimmt eben jene Demutshaltung ein, die man etwa auch von Grabplastik oder gemalten Stifterfiguren kennt, die eine reine Frömmigkeit bekunden. So isoliert Salomon auch ist, so steht doch direkt hinter ihm eine herausgehobene Frau mit wohlwollend-zufriedenem Blick, der sich von hinten her auf den ergebenen Herrscher richtet: Sie ist die Anstifterin des Glaubensabfalls, und sie freut sich ihrer weiblichen Macht. Die nächststehende Frau wendet sich zu ihrer aufmerksamen, untergehakten Nachbarin und zeigt in Blick und Kopfhaltung lächelndes Mitgefühl mit der Lenkbarkeit und Glaubensschwäche des Alten.

Diese biblische – und doch letztlich menschheitlich immer gültige, archetypische – Szene wird durch Cranach in die Aktualität des 16. Jahrhunderts gekleidet. Im Türausblick erscheint jenseits des Flusses und oberhalb des Uferweges eine gotische Kapelle mit Dachreiter: Dieses Motiv sollte nicht nur als Aktualisierungstopos verstanden werden, sondern auch als Hinweis auf den rechten Glauben, der natürlich ein christlicher ist.

Cranach hat bei diesem Werk, das – anders als viele andere – nicht seriell repetiert wurde, sondern Einzelstück blieb, vermutlich Motivanleihen wie etwa von Hans Burgkmair oder Georg Pencz aufgegriffen, diese aber souverän in das Formt der Folge übertragen und seine eigene Handschrift wie etwa bei der charakteristischen Behandlung der Gesichter oder hinsichtlich der expliziten Nutzung gestischer Details im Sinne einer allgemeinverständlichen Rhetorik eingebracht. Über die ursprüngliche Plazierung der Tafeln mit den »Weibermacht«-Szenen ist nichts bekannt, vermutlich befanden sie sich in einem der Kurfürstlichen Gemächer in Torgau, da sie nach dem Dreißigjährigen Krieg von dort in die Dresdner Kunstkammer kamen.

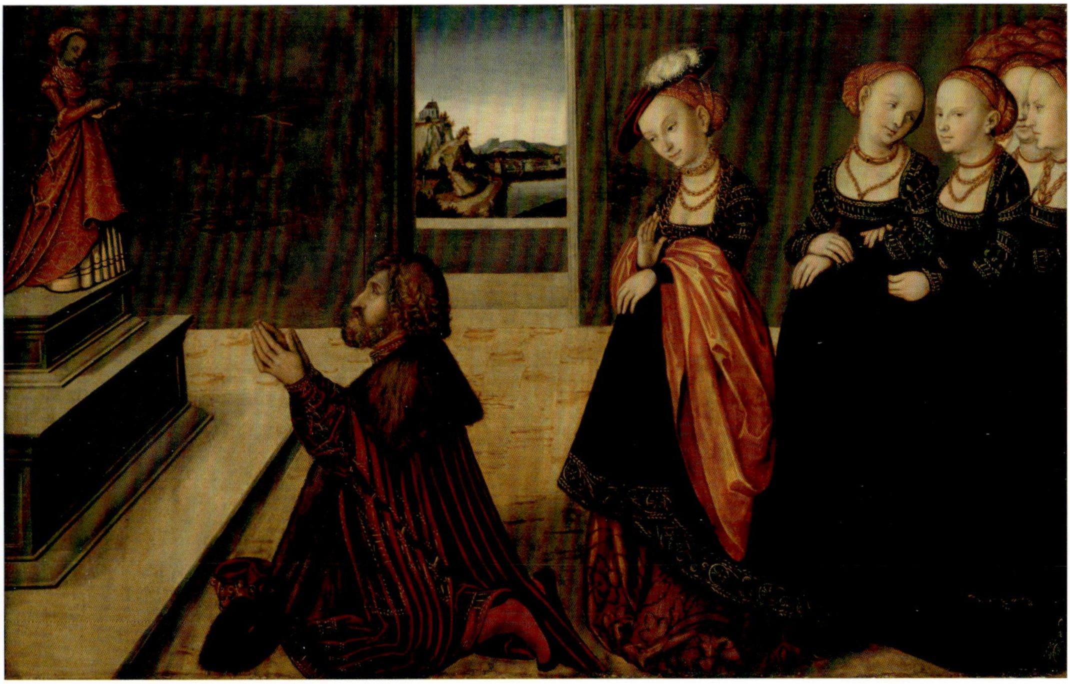

Das Motiv des Salomonischen Götzendienstes sollte nicht gar zu eng als reformatorisch konnotiert gedeutet werden, denn es gehört im weiteren Sinne ganz dem Zeitalter der Glaubensdiskussionen und -kriege an. Als Bekräftigung dieser These kann beispielsweise das in den 1620er Jahren gemalte Bild gleichen Sujets von Cornelis de Vos, einem Maler im katholischen Antwerpen, im Puschkin-Museum in Moskau dienen, das übrigens den König als von einer Afrikanerin verleitet und zu einem goldenen Götzenbild betend zeigt,[92] wobei unübersehbar ist, dass die Kenntnis des Exotischen in dem dazwischenliegenden Jahrhundert sehr zugenommen hatte.

Lucas Cranach d. J.

Elias und die Baalspriester, 1545

Lindenholz, 127,5 x 242 cm

Bez. rechts am Altar mit geflügelter Schlange: 1545

Gal.-Nr. 1941

Nach Größe, Komplexität und Kompliziertheit gehört »Elias und die Baalspriester«[93] zu den außergewöhnlichen Werken der Cranach-Werkstatt. Auf demonstrativ lehr- und facettenreiche Weise werden Frage der Gottgefälligkeit, des rechten Glaubens und des Zusammenhangs von Religion und Macht thematisiert.[94] Stärker als in anderen konfessionstheoretischen Gemälden wird freilich hier die zerstörerische Radikalität thematisiert, die die diesbezüglichen Debatten annehmen können, indem links im Hintergrund das Abschlachten derjenigen Menschen gezeigt wird, die dem falschen Glauben angehörten.

Als Text liegt dem Bild das alttestamentarische erste Buch der Könige, Kapitel 18 zugrunde: Der Prophet Elias, als ein Führer des Volkes Israel dem rechten alttestamentarischen Glauben anhängend, schlug dem Heidenkönig Ahab, der dem Götzen Baal huldigte, vor, gemeinsam zu ermitteln, wessen Gott der richtige sei, nachdem der ganze Landstrich unter einer langen enormen Dürre und Hungersnot gelitten hatte und dies als Zeichen mangelnder Gottgefälligkeit gedeutet worden war. Sowohl Elias (zentral mit weißem Gewand im Profil nach links) als auch Ahab (rechts davon, mit Turban) errichteten daher je einen Altar und legten einen Opferstier darauf. Es galt nun die Verabredung, dass derjenige als rechtgläubig anzuerkennen sei, dessen Opfer durch Gott entflammt – und also sichtlich von Gott angenommen – werde. Elias habe sogar seinen Altar mit Wasser benetzt und einen Wassergraben darum errichtet, und dennoch »fiel das Feuer des Herrn herab und fraß Brandopfer, Holz, Steine und Erde und leckte das Wasser auf im Graben« (1. Könige, 18, 38): Nach diesem unmissverständlichen Zeichen der Gottgefälligkeit werden die Baalspriester, die im Bildvordergrund noch Beschwörungstänze aufführen, dann letztlich – hinten links – gemeuchelt und gevierteilt.

Von den Zeitgenossen wurde Luther nach dem alttestamentarischen Elias, der als Prototyp Christi galt, und nach Christus als ›der dritte Elias‹ bezeichnet.[95] Als Cranachs Gemälde entstand, das übrigens den Maler selber am linken Bildrand als Wasserträger des rechten Glaubens zeigt, lebte Luther noch. Es lag allerdings schon die enorme Spannung in der Luft, die sich alsbald entladen sollte, als es – etwa zeitgleich mit dem Ersten Tridentinischen Konzil, das nicht zuletzt unter dem Einfluss von Luthers Schriften fundamentale Glaubensfragen verhandelte – 1546/47 zum Schmalkaldischen Krieg kam, der zwischen dem katholischen kaiserlichen Lager und dem protestantischen Schmalkaldischen Bund ausgetragen wurde. Wenn Cranach und sein Auftraggeber die Wahrscheinlichkeit eines Glaubenskrieges vor Augen hatten, so muss die Deutlichkeit erschrecken, mit der in dem Gemälde als einer historischen Projektion die Glaubensfeinde schlussendlich hingemetzelt werden.

Die noch in der »Predigt Johannes des Täufers« (S. 64 f.) propagierte moralisch-christliche Zurückhaltung in Glaubenskämpfen war nun einer unmissverständlichen Radikalisierung gewichen, die das Bild zu einem charakteristischen Vorkriegs-Dokument macht. Man vermutet, dass das Bild aus der Torgauer Schlosskapelle stamme, also aus dem ersten protestantischen Kirchenbau[96] überhaupt, doch wurde das wegen des sperrigen Bildformats und anderer Aspekte ernstlich angezweifelt.[97] Vorsichtig sei deshalb die These gewagt, ob es nicht sogar in einer Waffenkammer – man beachte nur die Vielzahl der Hellebarden im Hintergrund rechts – oder an ähnlicher Stelle hing und dort die Legitimität einer allgemeinen pro-reformatorischen Aufrüstung unterstreichen sollte.

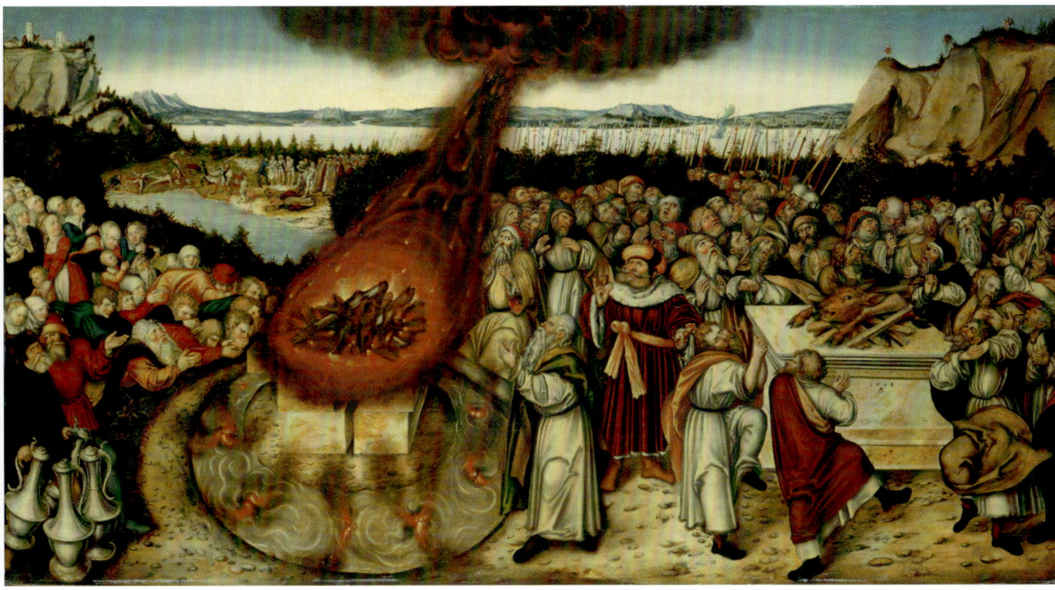

Lucas Cranach d. J.

Kreuzigung Christi, 1546

Lindenholz, 120,5 x 72 cm

Bez. unten Mitte am Kreuzstamm mit geflügelter Schlange: 1546

Gal.-Nr. 1942

Nur ein Jahr nachdem »Elias und die Baalspriester« (S. 70 f.) entstand, folgte die dem Neuen Testament zugehörige Szene der Kreuzigung Christi,[98] ein ähnlich vielfiguriges Gemälde, das erstmals im frühen 18. Jahrhundert nachweisbar und als einziges von ehemals fünf Bildern dieses Themas innerhalb der Dresdner Sammlungen erhalten ist. Das Thema als solches gehört schon seit dem Frühwerk Cranachs zu seinem Repertoire, wurde aber – wie man besonders im Vergleich mit der expressiveren, künstlerisch subtileren, narrativ und im Bildpersonal reduzierteren Kreuzigung von 1503 in der Alten Pinakothek in München sieht[99] – in stark veränderter Weise hier wieder aufgegriffen und zu einem figurenreichen Schauspiel ausgeweitet.

Im Bildzentrum ragen, stark an den oberen Rand gedrängt, die drei Kreuze auf, dessen mittleres mit der traditionellen Inschrift »INRI« – Jesus aus Nazareth, König der Juden – versehen ist, während am Kreuzstamm unterhalb der Füße nahezu ebenbürtig Cranachs Signatur und die Datierung zu finden sind. Das Lendentuch Christi weht mit stark ausladenden, turbulenten Zipfeln vor dem schwarzen Himmel und kündigt mit dieser spätgotisch geschulten, emotionalen Ausdrucksform vom eintretenden Tode Christi. Der linke Mitgefangene blickt auf Christus und macht damit sinnfällig, dass er im letzten Moment noch zum christlichen Glauben überwechselt, wohingegen der rechte sich abwendet. Unterhalb dieser Zone des Sterbens am Kreuz zieht sich ein Streifen hellen Lichtes über den Horizont, wird von vielfältig geformten Lanzen und Hellebarden überschnitten, trennt aber die irdischen Szenen von dieser höheren Ebene. Unterhalb der Kreuze findet man links die Christus familiär-freundschaftlich verbundenen Getreuen wie Johannes und Maria in gemeinschaftlicher Trauer, rechts unten aber die Kriegsknechte, die um das Gewand Christi, also um die irdischen Güter streiten und dabei das Seelenheil aus dem Auge verlieren. In der Mitte finden sich verschiedene Personen und Grüppchen, die Christi Opfertod diskutieren oder sich ihm zuwenden. So wird der Tod in vielfältiger Weise zu den Lebenden in Beziehung gesetzt, wird der Kreis der Menschen zu Füßen des Gottessohnes zur Gemeinde, die sich in seiner Nachfolge (oder Gegnerschaft) befindet, sich aber in jedem Falle mit der Sinnfrage dieses Todes auseinandersetzen muss.

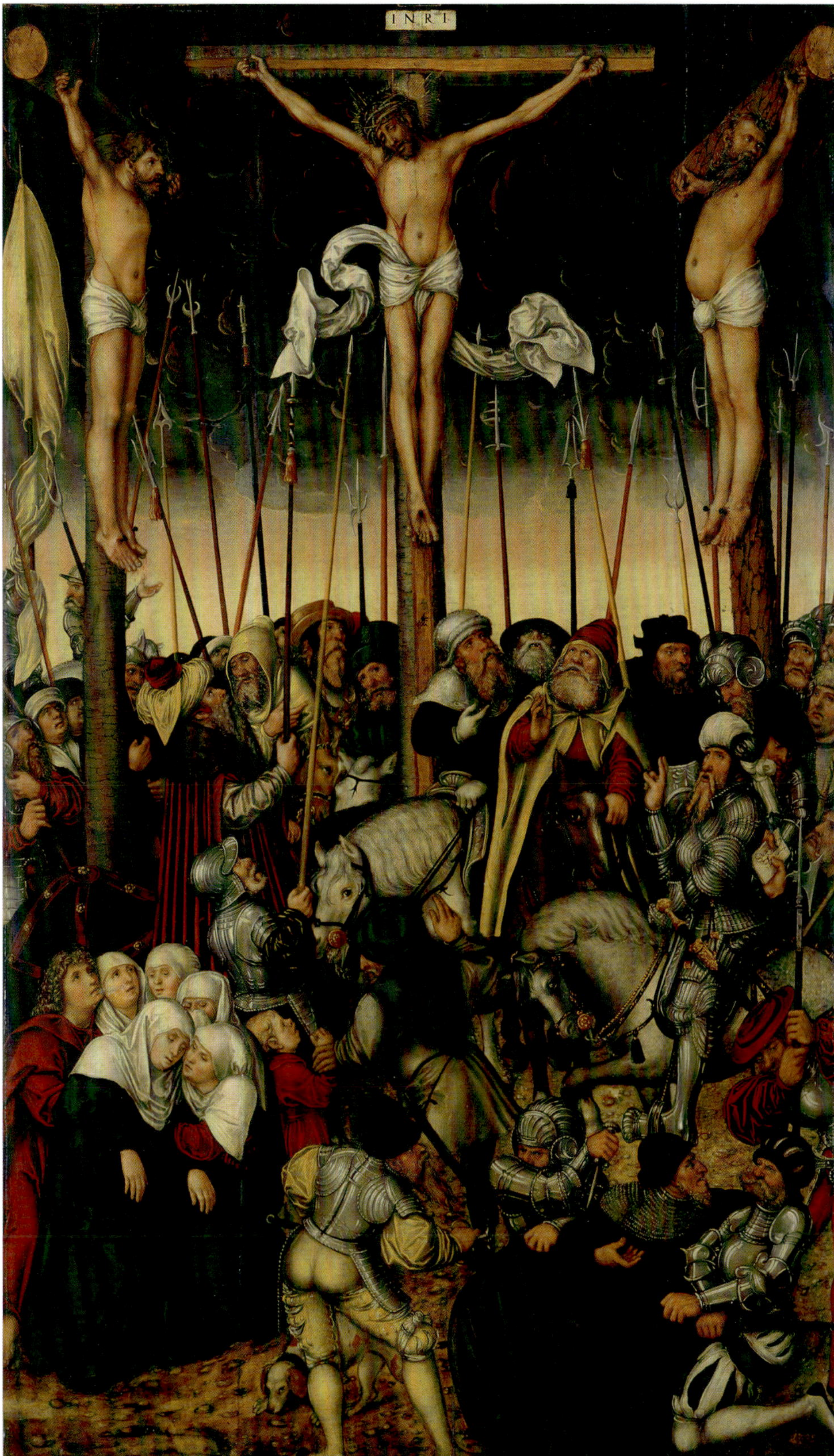
I N R I

Lucas Cranach d. J.

Christiane Eulenau, 1534

Buchenholz, 20 x 14 cm

Bez. oben rechts mit geflügelter Schlange: 1534

Gal.-Nr. 1913

In höfisch-modisches Schwarz und lichtes, goldbesticktes Weiß gekleidet, so erweist sich die Dargestellte durch ihre Kleidung als dem Hofe zugehörig, und ihr aristokratischer, doch nicht arroganter Habitus mit der ausgewogenen Balance von nobler Zurückhaltung und sicherer Präsenz untermauert diese Zuordnung.[100] Cranach kostet aus, was ihm der hohe modische Stehkragen, die geschnürte Brust, die gehackten, genestelten und unterbundenen Ärmel, das Barett mit dem Federschmuck und die feine Haube an gestalterischen Finessen offerieren: Er entwickelt eine reizvolle Kontur vor dem ruhigen grünen Hintergrund, umspielt mit weichem, doch entschiedenem Schatten die Figur rückseitig und steigert Glanz und Noblesse durch den unübersehbaren Goldschmuck.

Es handelt sich bei diesem Bild um ein Jugendwerk Lucas Cranachs d. J., der hier eine wohl mit ihm selber etwa Gleichaltrige porträtierte, die wahrscheinlich aus dem Örtchen Eulenau bei Torgau stammte. Dass die künstlerische Reife des Malers jedoch noch nicht vollkommen erlangt ist, erahnt man an dem etwas schräg stehenden linken Auge der jungen Dame. Dieses Porträt bezeugt ebenso wie eine im Format deutlich größere, mit rotem Bildhintergrund versehene zweite Fassung in Bamberg, zu welcher menschlich-eindringlichen Sicht Cranach d. J. befähigt war. Die ursprüngliche Funktion dieses auffällig kleinen Bildes ist offen – man könnte an ein Bild im Schatzkästchen denken, vielleicht auch an ein Verlobungsbild –, die größere Version hingegen ist zweifellos als Raumschmuck entstanden.

Werner Schade stellte seinerzeit zu den verschiedenen künstlerischen Aufgaben fest, das »gemalte Bildnis war unter allen Arbeitsbereichen des jüngeren Cranach der hervorragendste«,[101] und man möchte geradezu hinzufügen, es war auch der aus heutiger Sicht modernste, menschlichste, nahbarste.

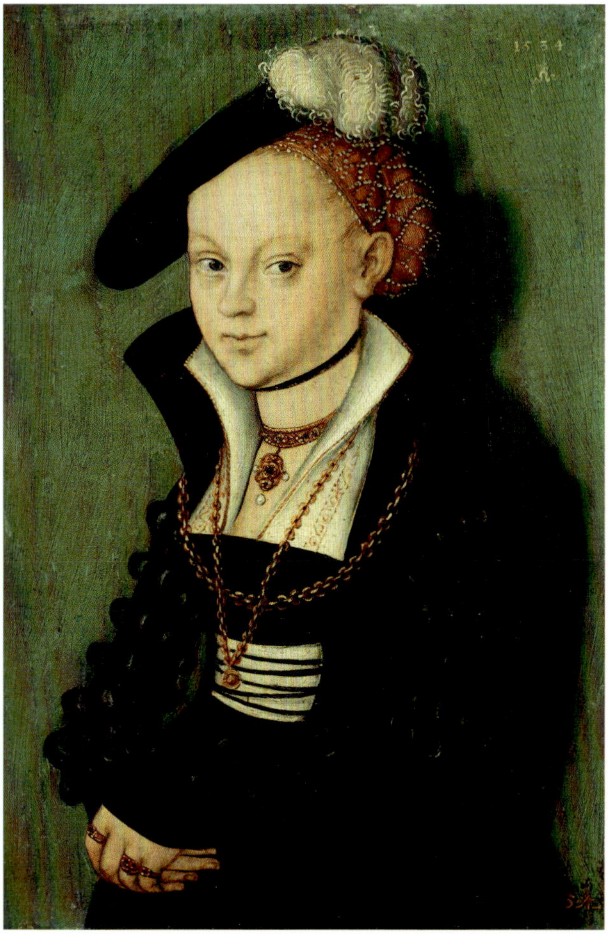

Lucas Cranach d. Ä., Werkstatt, Meister Zc

Margarethe von Ponickau, 1536

Buchenholz, 52 x 34 cm

Bez. (nachträglich) oben rechts mit geflügelter Schlange: Zc 1536

Inschrift oben: MARGRETA V PONICKAV GEWESENE IN CHVR/ FVRSTIN SIBILLEN FRAVNTZIMMER

Gal.-Nr. 1922 A

Ein flüchtiger, fast unmerklicher Ansatz des Lächelns umspielt die Augen der Margarethe von Ponickau,[102] die doch ansonsten die Arme züchtig verschränkt und den Blick aus den grauen Augen ins Ferne und Unbestimmte gerichtet hat. Es handelt sich um eine Frau in der Blüte ihrer Jahre, die inschriftlich ausgewiesen ist als ehemalige Kammerfrau der Kurfürstin Sibylle von Sachsen. Die Verbindungen zwischen ihrer und Cranachs Familie waren augenscheinlich eng, lieh doch ihr Bruder, Hans von Ponickau, gemeinsam mit Cranach dem sächsischen Kurfürsten die enorme Summe von 4.000 Gulden, womit überdies ein erheblicher Einfluss am Hofe verbunden gewesen sein muss. Hans von Ponickau siedelte sich in jenem Jahr, in dem das vorliegende Gemälde entstand, in Pomßen bei Grimma an, und er unterhielt Kontakte sowohl zur albertinischen als auch zur ernestinischen Linie der Wettiner.[103] Die zeitliche Parallelität zwischen der Neuansiedelung und der Entstehung dieses Bildes, das von einem anonymen Mitarbeiter Cranachs, der Zc signierte, ausgeführt ist, dürfte kein Zufall sein.

Reichtum und Dignität sprechen aus dem Goldschmuck der Dame. Auf dem feinen, sorgsam plissierten Gewebe im Brustausschnitt liegen eine Gliederkette aus Gold mit unsichtbarem Anhänger und eine schwere breite Halskette mit perlenbesetztem Zierrat, der vielleicht absichtsvoll auf die Kreuzform verweist. Die Dame trägt insgesamt vier Ringe an der rechten Hand. Ein Schleier überzieht die hohe Stirn und mündet in die Netzhaube, unter der das dunkelblonde Haar verborgen bleibt. Alles weist auf hohe Abkunft und höfischen Stolz, der sich aber keineswegs mit Arroganz paart.

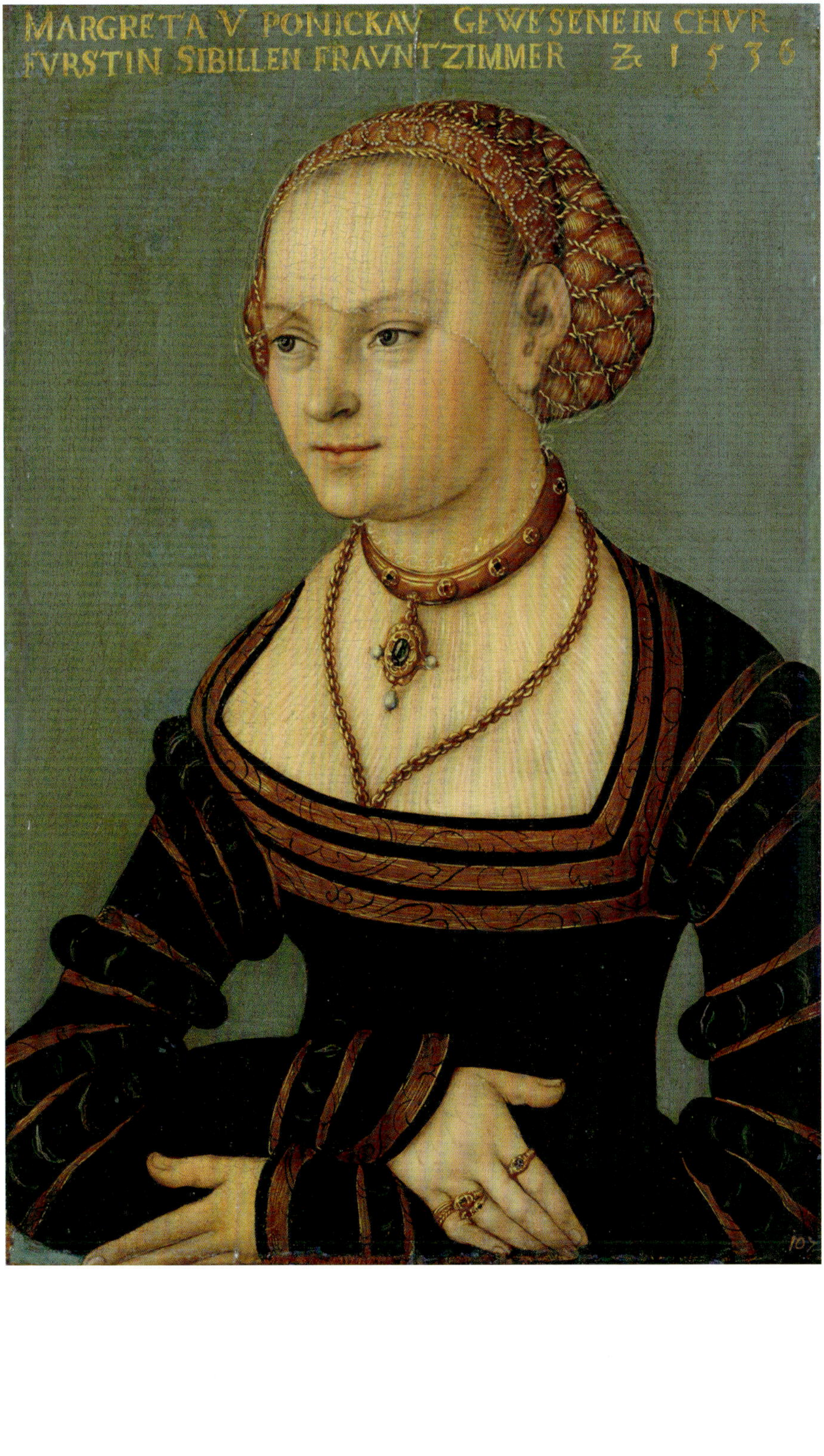
MARGRETA V PONICKAV GEWESENE IN CHVR
FVRSTIN SIBILLEN FRAVNTZIMMER 1536

Lucas Cranach d. J.

Bildnis eines Mannes, 1544

Buchenholz, 61,5 x 47,5 cm

Bez. oben rechts mit
geflügelter Schlange: – ÆTATIS SVE . 50/ 1544

Gal.-Nr. 1917 A

Die Cranach-Werkstatt hinterließ nicht nur zahlreiche »Ikonen« der Reformatoren, sondern auch anonyme Porträts von enormer humanistischer Eindringlichkeit und geradezu moderner Nahbarkeit und Klarheit. Zu ihnen gehört das Bildnis eines Unbekannten, der im Entstehungsjahr genau 50 Jahre zählte, wie die Inschrift ausweist.[104] Dieser ernste Mann mit hohem, sehr summarisch behandeltem Rumpf und seriös ineinander verschränkten Händen wirkt wie ein Gelehrter. Es könnte sich – so die Vermutung in der aktuellen Literatur – um den Schwiegervater Cranachs des Jüngeren handeln, den Leibarzt Johann Friedrichs des Großmütigen, Augustin Scharff (1494/95 – 1548), der in Wittenberg auch als Professor an der Universität wirkte. Die Porträtkunst jener Zeit verzichtete meist auf Attribute, weshalb eine zweifelsfreie Klärung oft schwierig ist, und die mit kalligraphischer Finesse plazierte Inschrift gibt hier nicht hinreichend Aufschluss.

Goethes Kunstberater Heinrich Meyer schrieb in seinem (erstaunlich oberflächlichen) Kapitel zur altdeutschen Kunst über Cranach, dieser war »ein Zeitgenosse Dürers, [...] ein Mitbewerber um den Ruhm in der Kunst. Er zeichnet weit schwächer« – was man angesichts der Blätter im Dresdner Kupferstich-Kabinett freilich dementieren darf –, »übertrifft aber Dürern hingegen im Kolorit, welches sehr blühend und wahrhaft ist«:[105] Eben dieses feine Farbgespür, das sich etwa auch im Gleichklang von Augenfarbe und Hintergrund ausspricht, verbindet sich im Bildnis des unbekannten Mannes mit einer ebenso sicheren Erfassung des Charakters, der Intellektualität und Empathie.

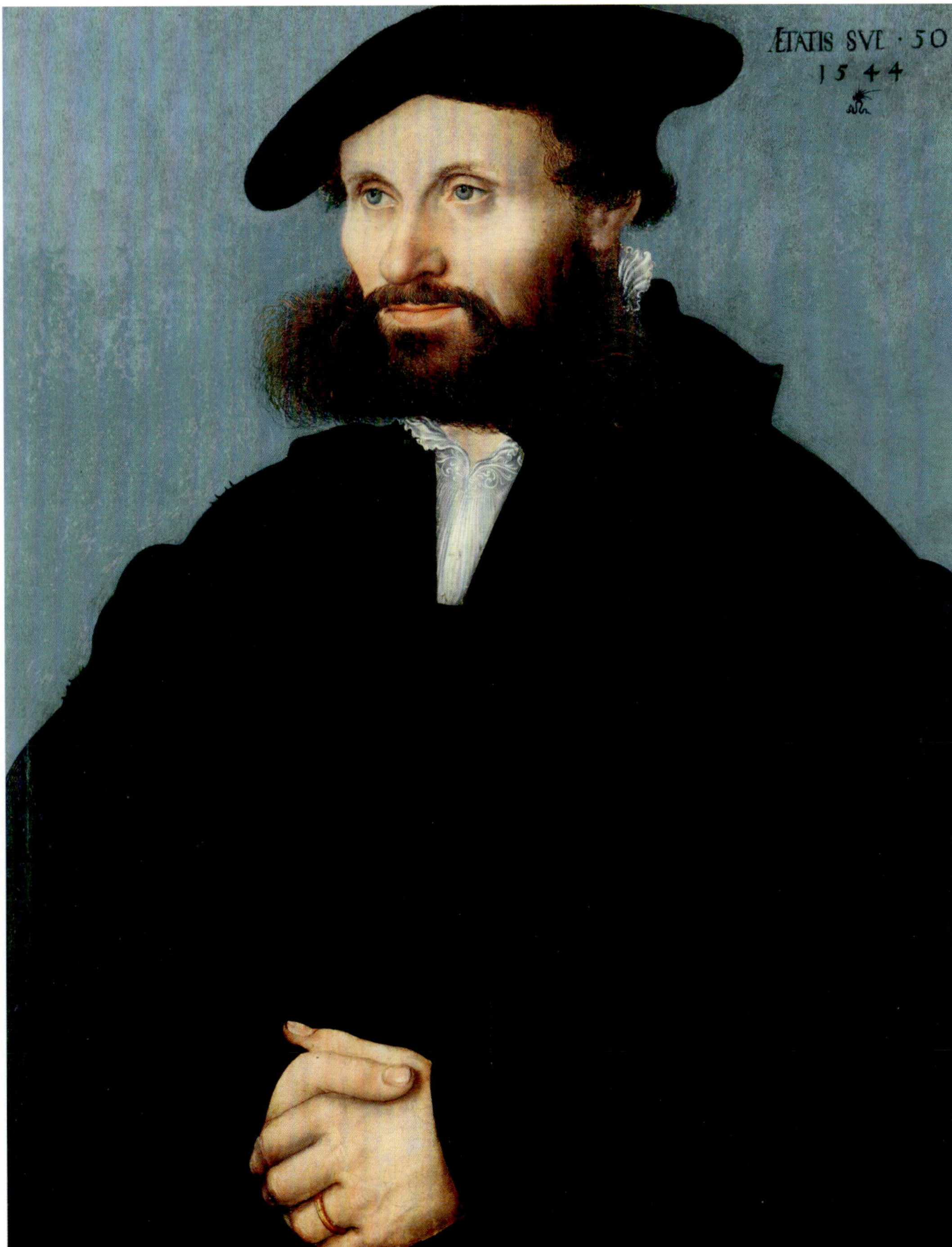
ÆTATIS SVE · 50
1544

Lucas Cranach d. J.

Simson und Delila, um 1537

Lindenholz, 74,5 x 121 cm

Bez. unten Mitte mit geflügelter Schlange

Gal.-Nr. 1929

In düsterem Waldesdickicht lagert Simson, der kampfesmüde, heldenhafte und starke Recke, im Schoße der Delila, die ihm, da er wehrlos schläft, das Haar schneidet und ihn damit der in ihnen wurzelnden Stärke beraubt.[106] Simson, der gegen die Philister gekämpft hat, wird aufgrund dieser tückischen Schwächung alsbald Opfer eben dieser Widersacher, die aus dem Bildhintergrund links oben bereits herbeiziehen: Die feine, wehrhafte Plattnerarbeit der Rüstung schützt den Kämpfer nicht mehr, sobald Weiberlist seine Stärke beschneidet: Delila, Simsons zeitweilige Geliebte, wurde dem Alten Testament zufolge von seinen Feinden bestochen, damit sie herausfände, woher er seine enormen Kräfte bezog: Es waren die ungeschorenen Haare. Delila lockte ihn daher an sich und »ließ ihn einschlafen in ihrem Schoß und rief einen [der Philister], der ihm die sieben Locken seines Hauptes abschnitt.« (Richter 16, 19) Cranach manipuliert diese Geschichte ein wenig, um die Essenz herauszuarbeiten, und lässt Delila mit der Schere hantieren.

Nun hatte Simson die göttlichen Kräfte eingebüßt, er konnte gefasst werden, ihm wurden die Augen ausgestochen, er musste Sklavendienste leisten, und seine Feinde triumphierten: »Unser Gott hat unsern Feind in unsere Hände gegeben« (Richter 16, 24). Simson jedoch betete zu Gott, dass er ihm noch ein einziges Mal jene Kraft verleihe, und wurde erhört. Mit diesem göttlichen Beistand riss er jenes Haus ein, in dem seine Überwinder eben noch munter feierten, wobei auch er selber – gleichsam ein Ahne neuzeitlicher Selbstmordattentäter – durch den Einsturz des Gebäudes zu Tode kam. So spiegelt die Geschichte von Simson und Delila einerseits die Weibermacht, die Unglück heraufbeschwört, und andererseits die (freilich gefährliche) Macht des Glaubens, die die Gerechtigkeit wiederherzustellen vermag, koste es, was es wolle.

Die links unten dezent plazierten Rebhühner werden als Sinnbild der »Luxuria« gedeutet, also der Verschwendung, des Luxus, des Prunkes.[107] Sie begegnen aber auch in anderem Kontext, so etwa bei Cranachs Weimarer Bild der »Caritas«, der mütterlichen Nächstenliebe, wo sie eher auf die Vorzüge des Wohllebens verweisen, das die Mutter caritatitv mit den Kindern teilt und wo eine Bezugnahme auf die im Physiologus erwähnte Tugend der Selbstlosigkeit enthalten ist, da das Rebhuhn sich auch fremder Eier annehme und sie ausbrüte.[108] Cranach, der ein Meister der Tierstudien war (wie etwa auch Blätter des Dresdener Kupferstich-Kabinetts beweisen), nutzte seinen Werkstatt-Vorrat an derartigen Motiven in unterschiedlichen Zusammenhängen auf durchaus wechselvolle, gar ikonographisch widersprüchliche Weise.

Das Thema weiblicher (und natürlich zugleich allgemein-menschlicher) List haben Heinrich Aldegrever, Lucas van Leyden und Albrecht Dürer schon früher mit dem gleichen Sujet von Simson und Delila bearbeitet. Auch Lucas Cranach d. Ä. – dem vorliegendes Bild lange zugeschrieben war – hatte schon ein knappes Jahrzehnt früher dasselbe Thema malerisch und in einer lichteren, weiteren Landschaftsdarstellung behandelt.[109] Im 19. Jahrhundert schaffte es dieses Bild, das auf feinsinnige Weise moralisiert, bis in die Konversationslexika, vertrat dort aber das Werk von Cranach dem Älteren: »Eigenthümlichstes Leben spricht sich in den Darstellungen aus der Sagenwelt aus; sein Ritter am Scheidewege, sein Simson unter den Händen der Delila [...] vereinigen auf die liebenswürdigste Weise schalkhaften Humor und Anmuth der Form«.[110]

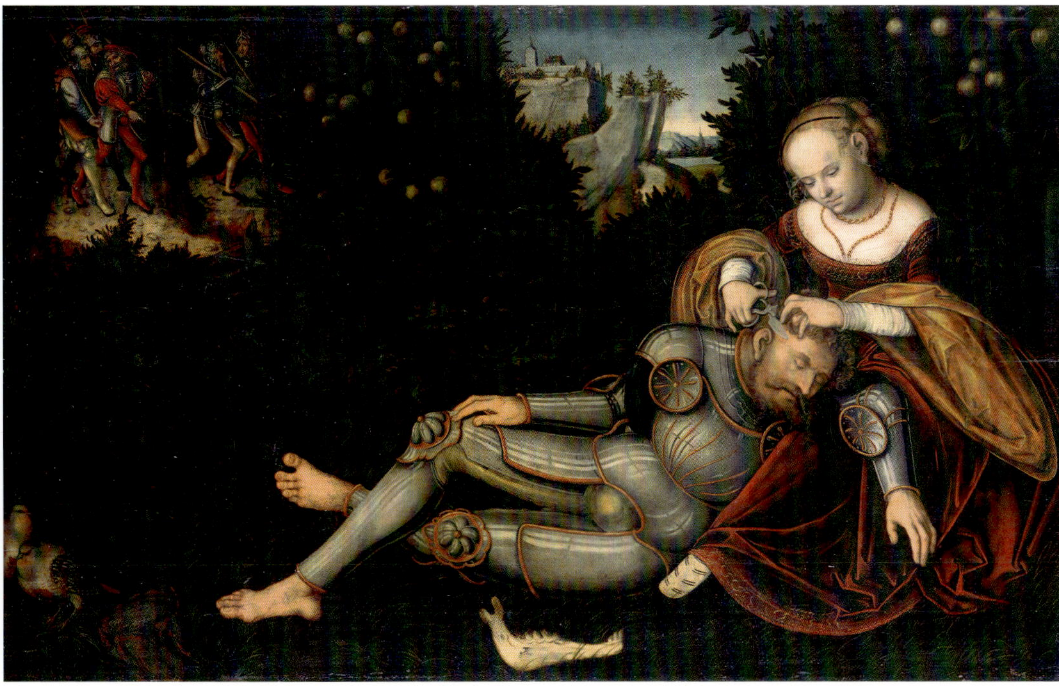

Lucas Cranach d. J.

David und Bathseba, um 1537

Lindenholz, 74 x 121 cm

Bez. links an einem Eckquader mit geflügelter Schlange

Gal.-Nr. 1930

Ein alter, verkrümmter, blattloser Baum windet sich am linken Bildrand, klägliche Reiser weisen ins Leere oder auf die schadhafte Mauer eines behäbigen Turmes, ja eigentlich sogar auf den Alten, der sich mit Greisenhaupt dem harfenden Minnesang hingibt.[111] Dieser, von Kompagnons verschiedensten Alters und nicht eben lauteren Sinnes begleitet, richtet seine betagte Sangeskunst an die schöne junge Frau, die rechts unten ihr Fußbad nimmt (und nicht, wie etwa bei den Flamen des 17. Jahrhunderts ihren Körper mehr oder weniger unfreiwillig zur Schau stellt), flankiert und umstanden von drei schwesterlichen Damen und einer Magd, die ihr die Füße am eigenen Gewand trocknet. König David hat ein Auge auf die recht züchtige junge Frau geworfen, der gerade die Pantoffeln gereicht werden und die selber von diesem Ansinnen noch nicht zu wissen scheint, während eine der eng beieinander stehenden Frauen bereits mit dem Weisegestus erkennen lässt, dass der spähende Alte seinerseits erspäht worden ist.

Die bröckelnden Putzspuren der Mauer werden als Signum moralischen Verfalls, der Baum als Indiz des durch David dräuenden Unglücks gedeutet. Die Bäume hinter Bathseba – der Name bedeutet im eigentlichen Wortsinne »die Üppige«,[112] was Cranach aber nicht einlöst – wachsen kraftvoll und geraden Stammes: Aufrichtigkeit und aufrechte Form verbindet hier mehr als nur eine sprachliche Verwandtschaft; die Formen der Natur werden zum Indikator von Tugend. Doch Bathseba wird nicht tugendhaft bleiben. Noch sitzt sie zwar am klaren Wasser – links erscheint es trübe strudelnd und somit unlauter –, und doch wird David sie verführen und ihr ein Kind zeugen, ihren Ehemann Uria töten und schlussendlich Bathseba heiraten. Das sehr dialektisch und didaktisch aufgebaute Bild, dessen größere Hälfte der noch schuldlosen Frau und ihren Tugendhüterinnen gewährt ist, versteht sich als moralischer Appell. Theoretisch hätte Bathseba in der Szene bei Cranach scheinbar noch die Chance, sich gegen den übergriffigen Alten zu wehren, was sie aber der biblischen Geschichte zufolge nicht tun wird.

Das Bild wird oft den »Weiberlisten« zugerechnet, doch es ist ebenso eine Warnung an die Männlichkeit, die sich in eine solche asymmetrische Beziehung begibt, den Nebenbuhler aus der Welt schaffen muss und so in die Strudel undurchschaubarer und unkontrollierbarer Tiefen gerät. Es steht daher vor allem den Bildern ungleicher Liebespaare nahe, die im 16. Jahrhundert Konjunktur hatten (S. 84 f.) und doch eine immerwährende Problematik berühren.

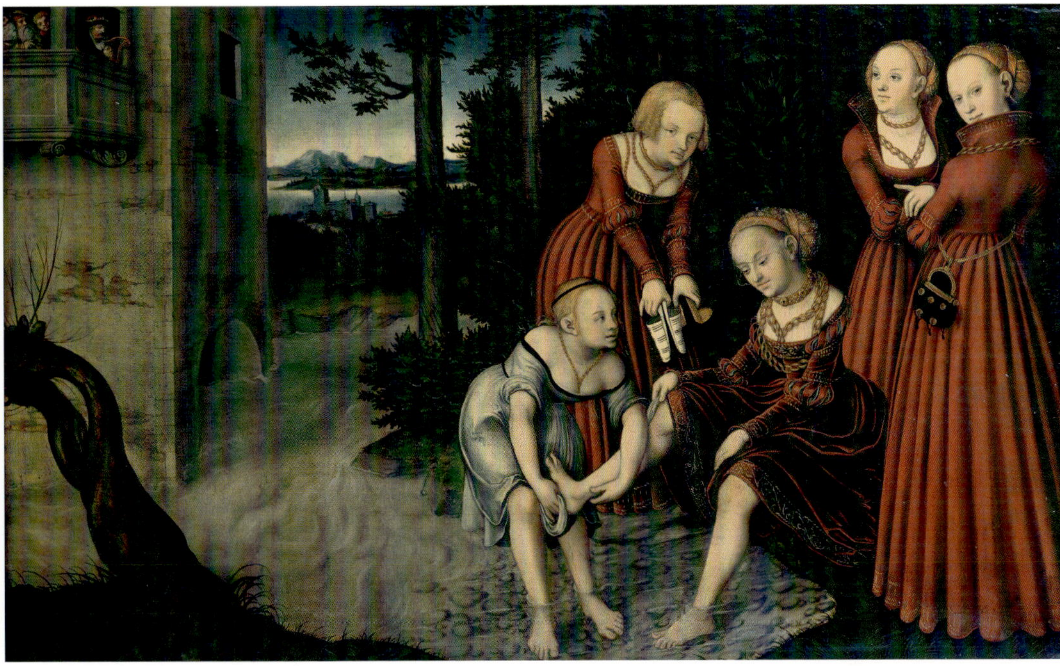

Lucas Cranach d. J.

Drei Liebespaare, um 1538/39

Buchenholz, 74 x 121,5 cm

Gal.-Nr. 1936

Das schöne altdeutsche, heute vom Aussterben bedrohte Wort »Buhlschaft«, mit dem das Werk früher betitelt wurde und das an das Zitat »mit Buhlschaften dien' ich nicht« in Friedrich Schillers »Kabale und Liebe« erinnert, macht die Abgründigkeit dieser durch-deklinierten Mesalliancen und Käuflichkeitsformeln deutlich.[113] Hans Sachs, einer der bedeutsamsten Dichter des 16. Jahrhunderts und ein wichtiger pro-reformatorischer Autor, schrieb ein Fastnachtsspiel »Weiberlist«, das 1543 gedruckt wurde – also nur kurz nach Entstehung von Cranachs Tafel – und das dem geistesgeschichtlichen Umfeld dieses Gemäldes nahestand und so erhellt, wie omnipräsent diese Frage war. Die Cranachs und ihre Werkstatt waren die ersten Künstler, die dieses Sujet in die Tafelmalerei übertrugen; und sie gehören zu jener Generation, die solchermaßen eine moralisierende und der späteren Genremalerei vorarbeitende Malerei im großen Format einführten.

Die süßen Verlockungen auf dem Tisch werden von allen hier versammelten Paaren ignoriert, da das linke und das mittlere Paar sich auf Geldgeschäfte besinnen und das rechte – das als einziges nicht einem finanziellen Interesse, sondern seiner Neigung folgt – sich nur mit sich selber befasst. Dieses verkörpert die rechte oder ›richtige‹ Beziehungskonstellation, und mit einer gewissen leisen Süffisanz weist der rechte Gatte seine Gemahlin gestisch darauf hin, wie abschüssig sich die Abwege gestalten, auf denen die beiden anderen Paare sich befinden.

Wenn einst insgesamt neun Werke aus der Cranach-Werkstatt in den Dresdener Sammlungen vorhanden waren, die diesem Themenkreis angehörten, so wird daran überdeutlich erkennbar, wie landläufig und beliebt derartige Sujets waren. Das vorliegende Bild befand sich das ganze 18. Jahrhundert in der Kunstkammer (und also nicht in der Gemäldegalerie, die dem künstlerischen Aspekt gegenüber der intellektuellen Botschaft Vorrang einräumte), womit deutlich wird, dass es primär als Teil eines komplexen didaktischen Weltbildes gesehen werden sollte und eben nicht um des Kunstwertes willen in die Gemäldesammlung kam. Das entsprach der Funktion der Kunstkammer, die eine erzieherische und das gesamte Weltwissen vereinende sein sollte. Als das Gemälde dann 1832 in die Galerie transferiert wurde, verblieb es hier zunächst im Vorrat: Nun waren die biederen Zeiten solchen moralisch verwerflichen Problemkreisen vollständig verschlossen.

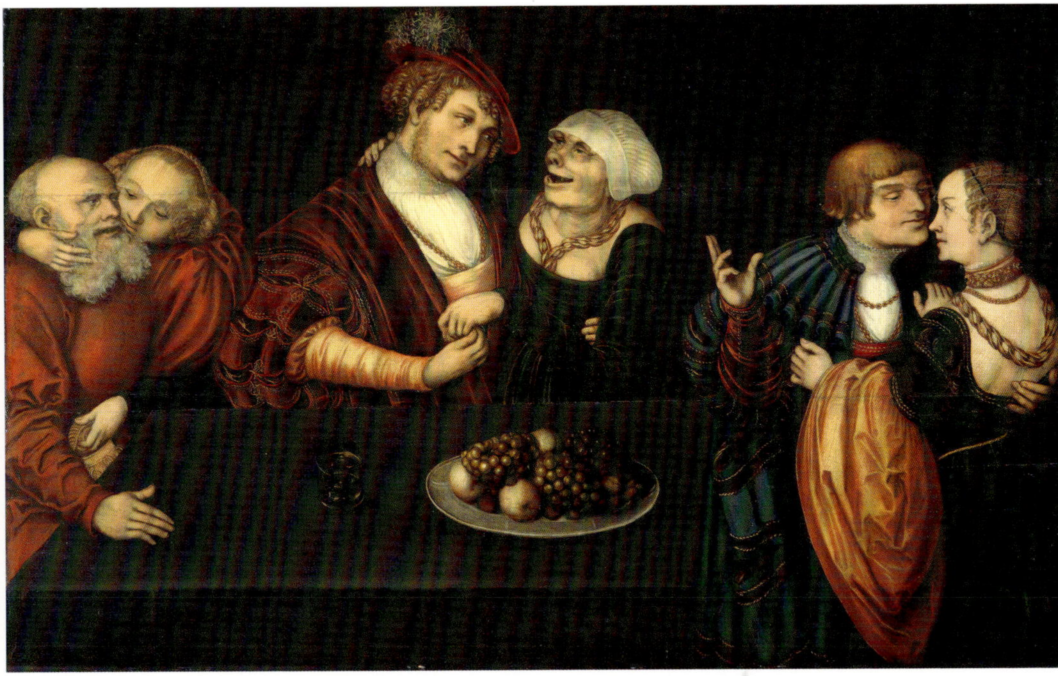

Lucas Cranach d. J.

Der schlafende Herkules und die Pygmäen, 1551

Lindenholz, 179 x 259 cm

Bez. unten rechts auf dem Stein mit geflügelter Schlange: 1551

Gal.-Nr. 1943

Lucas Cranach d. J.

Der erwachte Herkules vertreibt die Pygmäen, 1551

Lindenholz, 188 x 261 cm

Bez. Mitte am Baumstamm mit geflügelter Schlange: 1551

Gal.-Nr. 1944

Das Bildpaar des schlafenden und des erwachenden Herkules mit den Pygmäen ragt aus dem Dresdener Cranach-Bestand heraus, indem dies die größten Formate sind, aber auch, weil hier in besonderer Weise politische und kirchengeschichtliche Aspekte mit kompositorischer Innovation und Bildwitz vorgetragen werden.[114] Allerdings stehen sogar diese Tafeln mit ihrer auffälligen Originalität nicht so zusammenhanglos in der europäischen Kunstgeschichte, wie man das auf den ersten Blick annehmen möchte: Vorläufer und Nachfolger lassen erkennen, wie dieses Motiv durch die Jahrhunderte »wanderte«.

Die antiken textlichen Vorlagen behandelte Goethe einige Jahrhunderte später in aller Ausführlichkeit mit »Philostrats Gemälde«, dort ging er auf »Herkules und die Pygmäen« ein und kategorisierte dies mit kurz aufblitzenden Worten: »köstlicher Gegensatz«.[115] Doch der Text dieser antiken Bildbeschreibungen aus dem dritten nachchristlichen Jahrhundert war schon zu Cranachs Zeiten bekannt. Sie wurden in Venedig 1503 erstmals, allerdings noch als griechischer Text, publiziert; dann folgten im früheren 16. Jahrhundert eine lateinische Ausgabe und – erst 1777 – eine deutschsprachige Version.

Zu den von Philostrat beschriebenen Bildern gehörte eine Folge von Herkulesdarstellungen, die sich in Neapel befunden hatten und die auch Szenen mit dem Kampf Herkules' gegen die Pygmäen enthielten. Wenngleich Cranach augenscheinlich nicht den Urtext kannte, so ist doch der Vermittlungsweg erklärlich: Der sächsische Kurfürst Moritz, der gute Kontakte nach Ferrara pflegte, wo Ercole (= Herkules) d'Este regierte, mochte dort das Gemälde gesehen haben, das aus dem Kreis um Dosso Dossi stammte und die Pygmäen und den schlafenden Herkules mit den Porträtzügen dieses Fürsten zeigte, womit also die Gleichsetzung des Regenten mit der antiken Gestalt präfiguriert war. Auch im Emblembuch des Andrea Alciati von 1531 wurde das Motiv verhandelt, dessen Neuausgabe von 1548 in Lyon erschien und die für Cranach relevante Vorlage lieferte. Cranachs Behandlung dieses Sujets weist ihn also aus als Teilhaber des gesamteuropäischen humanistischen Bilder- und Gedankenaustauschs mit ihrer polyglotten Verständigung, ihrem omnipräsenten Antikenbezug und einer vergleichsweise raschen Kommunikation zu politischen und Geistesfragen über alle Ländergrenzen hinweg.

Das eigentliche Thema der Tafeln ist die Hybris der Pygmäen, die sich an der offenkundigen Übermacht des Riesen versuchen und damit ihrem Größenwahn unfreiwillig Ausdruck verleihen. Die Tafeln, denen ursprünglich noch eine dritte zugehörte (die in unbekanntem Privatbesitz verblieben ist und Herkules im Kampf mit einem Ritter zeigt[116]), befanden sich ursprünglich im Dresdener

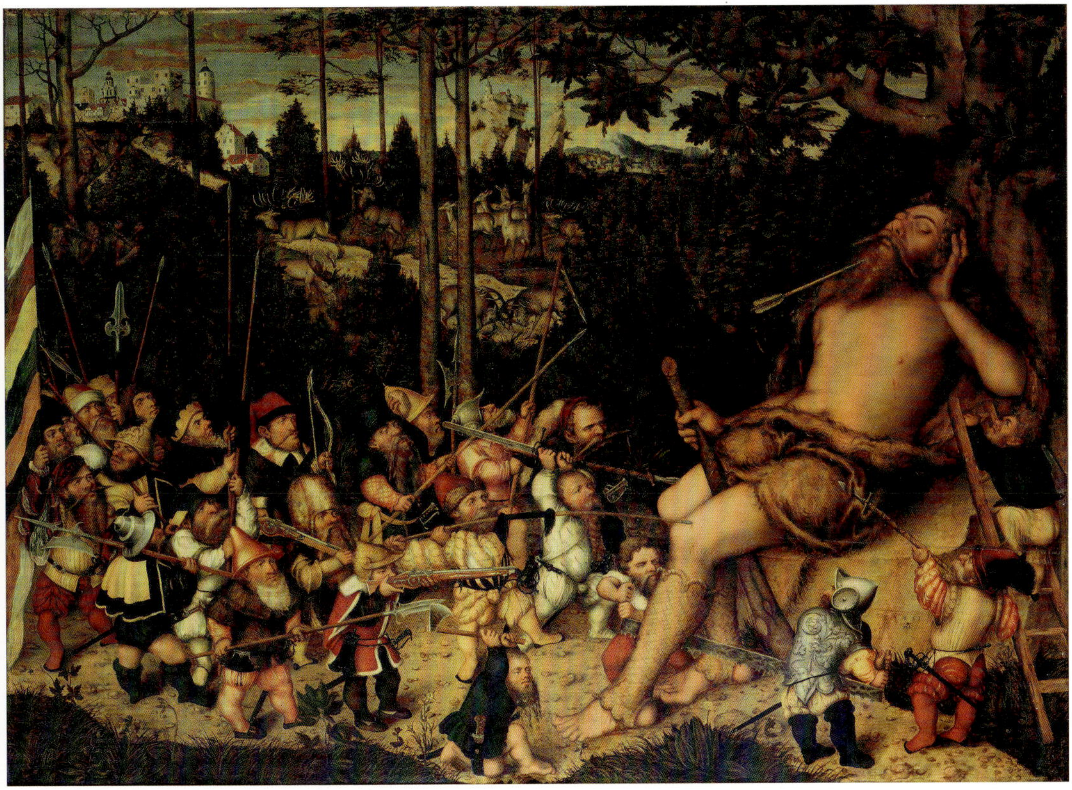

Der schlafende Herkules und die Pygmäen

Schloss. Hier gab es im zweiten Obergeschoss ein »Thurn- oder Risenstübichen«,[117] das augenscheinlich der körperlichen Stärkung – den Rittertugenden – diente und mit dem Motiv der Riesen, also des Herkules ausgestattet war. Zu anderer Zeit sind die Bilder auf der Großen Treppe nachweisbar, also im öffentlichkeitswirksamen Verkehrsbereich des Schlosses. Letztlich artikulieren diese drei bzw. zwei Tafeln eine landesherrliche Kraft- und Herrschaftssymbolik mit eindeutigem Schwerpunkt auf dem Aspekt der Verteidigungsbereitschaft, wie sie noch expliziter im Barock üblich wurde, als der Feudalherr häufig als neuer Herkules dargestellt und sogar mit der Weltkugel auf den Schultern gezeigt wurde.

Beide Tafeln zeigen Herkules mit einem Bärenfell als Lendenschurz, mit antikisierenden Beinschienen, mit der Keule des Herkules und einem vollen Bart. Auf der ersten Tafel nähern sich die Pygmäen dem schlafenden Recken. Sie haben ihm einen Pfeil in den Bart geschossen, sägen mühsam an seinem rechten Fuß und plagen ihn mit Axthieben in den linken; sie stechen mit Lanzen auf seine Beine ein und erheben das Schwert, um ihn – dann allenfalls nur zu ritzen. Cranach behandelt diesen Versuch einer Schädigung des Helden als eine Kollektivmaßnahme, die doch zum Scheitern verurteilt scheint, denn den Pygmäen gelingt es nicht, mehr als ein paar oberflächliche Verwundungen zu bewirken. Cranach behandelt die kecke Szene wie ein deutsches Märchen, den Herkules wie einen König Barbarossa mit Zwergen, und aus heutiger Sicht möchte man meinen, hier seien die märchenartigen, detailreichen narrativen Bildfindungen eines Moritz von Schwind vorweggenommen.

Cranachs artifizieller Gestaltungswille wird in der Vielzahl von Variationen ablesbar, die er dem Heer der Pygmäen angedeihen lässt: Verschiedenste Gewänder, Rüstungen, Waffen und Körperhaltungen werden hier ins (künstlerische) Feld geführt, und fast möchte man meinen, in dieser Fülle kündige sich schon der ›horror vacui‹ des Manierismus an.

Der landschaftliche Hintergrund mit den Burgen erinnert an die Ländereien des – gerade 1547 erst vom Herzog zum Kurfürsten avancierten – Moritz von Sachsen, und die Jagdszenen mit den Wilden Männern und den kämpfenden Hirschen verweisen auf elementare Naturkräfte. Diese Rivalenkämpfe unter den stärksten Tieren dienen sinnreich als Analogon zu dem Leben und Streben des Herrschers, der jeden Kampf aufnehmen würde, um sein Revier zu verteidigen. Die wilden Männer, ein in der Renaissance verbreitetes Motiv, darf man wohl zunächst schlicht als Sinnbilder angeborener, gleichsam in wilder ungebändigter Natur wurzelnder Stärke verstehen.

Die zweite Tafel zeigt den erwachten Herkules, wie er die Pygmäen vertreibt und im Vordergrund zwei der dreistesten von ihnen ergreift gleich jungen Katzen, die es rasch und leichthin zu ersäufen gilt. Im Hintergrund taucht er abermals auf, nunmehr hat er drei Unholde geschnappt, gebunden und geschultert, um sie in die Gefangenschaft seiner in der Ferne wieder aufscheinenden Burg zu verschleppen. Abermals erscheinen Jäger im Hintergrund, allerdings nun auch Bären (in der Bildmitte) und Wildschweine (rechts), die von den Wilden Männern als herkulischen Assistenzfiguren gejagt werden und deren Stärke wohl verdeutlichen soll, dass Herkules es furchtlos auch mit der größten Naturstärke aufzunehmen vermag. Allerdings war Moritz von Sachsen nicht nur neuernannter Kurfürst, sondern traditionshalber auch zugleich Reichsjagdmeister (dieses hohe Amt bekleideten die Wettiner schon seit der Mitte des 14. Jahrhunderts). Vielleicht spielen diese Tafeln mit den Jagdszenen also auch hintergründig darauf an, dass der Kurfürst nicht nur Territorialgewalt besaß, sondern auch eines der höchsten Ämter im Heiligen Römischen Reich Deutscher Nation innehatte und dass damit eine erkleckliche Vormachtstellung gegenüber anderen Territorialfürsten verbunden war.

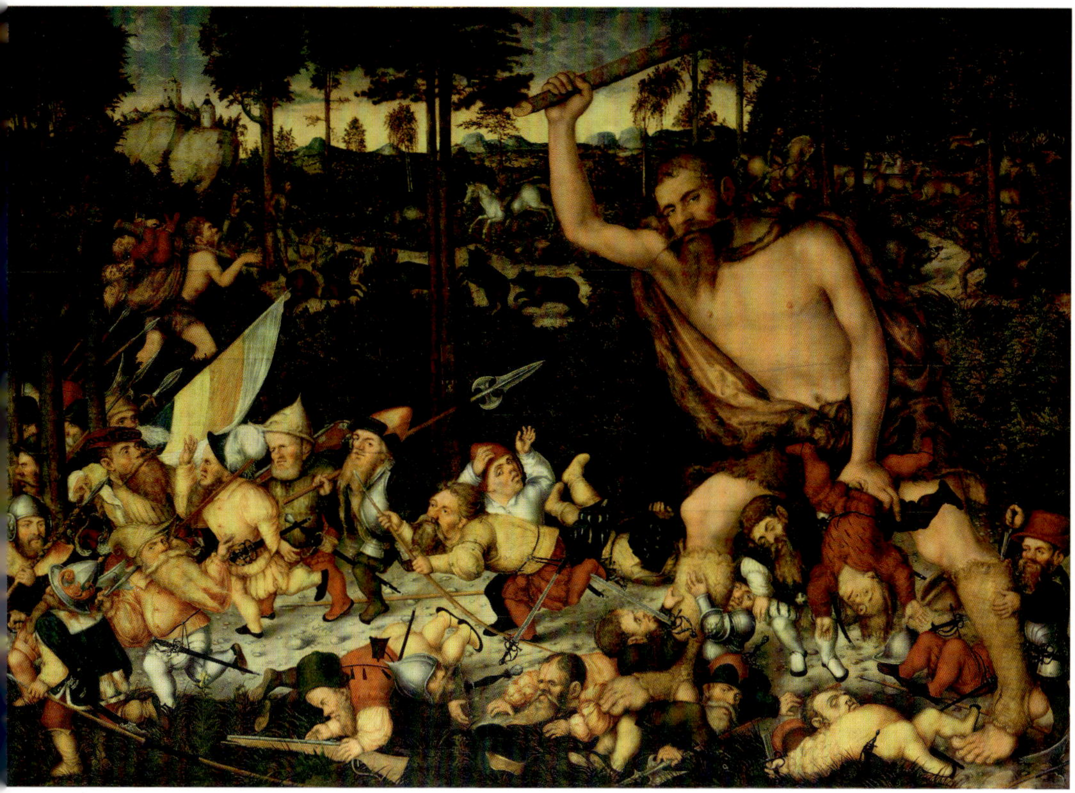

Der erwachte Herkules vertreibt die Pygmäen

Das Bildmotiv des schlafenden Herkules findet sich einige Jahrzehnte später an ganz anderer Stelle wieder aufgegriffen, wobei wohl noch zu klären bleibt, ob es direkt auf Cranach oder auf andere – gemeinsame – Bildquellen zurückgeht: Johann Fischart, der bedeutendste protestantische Satiriker des 16. Jahrhunderts, verfasste das Hauptwerk »Abenteuerliche und ungeheuerliche Geschichtsschrift«, genannt »Geschichtsklitterung«, die 1575 erschien und eine Illustration enthält, deren Parallelen zum »Schlafenden Herkules« trotz motivischer Verkürzung unübersehbar sind, indem der Riese in ganz ähnlicher Position ruht, in gleicher Weise ins Bein gestochen wird und man sogar dem Landschaftsausblick mit Rundturm und Burg oben links und dem knorrigen Baum rechts wieder begegnet.[118] Das Motiv, das sicherlich noch an anderen Stellen wieder aufzufinden sein wird, ist von daher gleichsam »multimedial« belegt und kontinuierlich gewandelt nachweisbar: zuerst literarisch, dann emblematisch, des weiteren als architektonisch gebundenes Gemälde bei Cranach und zuletzt als Buchillustration. Dieses freie Flottieren und das künstlerische Nobilitieren von Motiven aus angewandten Bereichen und der Druckgraphik in der Tafelmalerei nannte Dieter Koepplin das »Cranach-Prinzip«,[119] und es lässt sich an vielen Werken der Werkstatt mannigfach beobachten.

Lucas Cranach d. J.

Kurfürst Moritz von Sachsen und seine Gemahlin Agnes, 1559

Lindenholz, 44 x 65 cm

Bez. links mit geflügelter Schlange: 1559

Gal.-Nr. 1945

Die feinen Tonabstufungen zwischen der inschriftlich verzierten Balustrade, der lebendig nuancierten, changierenden Farbigkeit des neutralen, schattenlos belassenen Fonds und den edlen Gewändern weisen Cranach d. J. als Koloristen von höchster Kultur aus. Das Doppelporträt zeigt den Kurfürsten Moritz von Sachsen (1521–1553) und seine Gemahlin Agnes (1527–1555), die zum Zeitpunkt der Entstehung des Bildes bereits seit einigen Jahren (und in sehr jungem Alter) verstorben waren, deren Porträts man aber offenbar in Form von – vermutlich leicht kolorierten – Zeichnungen in der Werkstatt noch besaß.[120] Das Paar blickt aus dem Rahmen und wendet sich so an seine(n) Betrachter, ist aber miteinander nur durch eine zarte Berührung der Ellenbogen verbunden.

Die Verlebendigung der Züge wirkt trotz großer Reglosigkeit glaubhaft. Die Darstellung der reich ausgestalteten, durchbrochenen und mit kleinteiligem Besatz versehenen Gewänder sowie die Darstellung des Goldschmucks ist höchst kunstreich gehalten. Die Körperlichkeit der bei Moritz besonders klein ausgefallenen Hände hingegen erscheint etwas unbestimmt; vielleicht darf man hierin die Mitwirkung eines Werkstattarbeiters erkennen.

Das Doppelbildnis ist mit einer Inschrift in lateinischer Sprache versehen, die den Kurfürsten als gerecht und gottesfürchtig oder »gottgemäß«[121] lebend deklariert. Da der Herrscher um des albertinischen Vorteils willen die ernestinische Seite verraten und um erhebliche Territorien und die Kurwürde gebracht hatte, lag eine solche postume (Selbst-) Rechtfertigung Moritz' nahe. Die Lindenholztafel gelangte im 17. Jahrhundert aus dem Besitz des ansonsten nicht bekannten Martin Rattich in die Kunstkammer, stammt also nicht a priori aus dem Besitz der Wettiner.

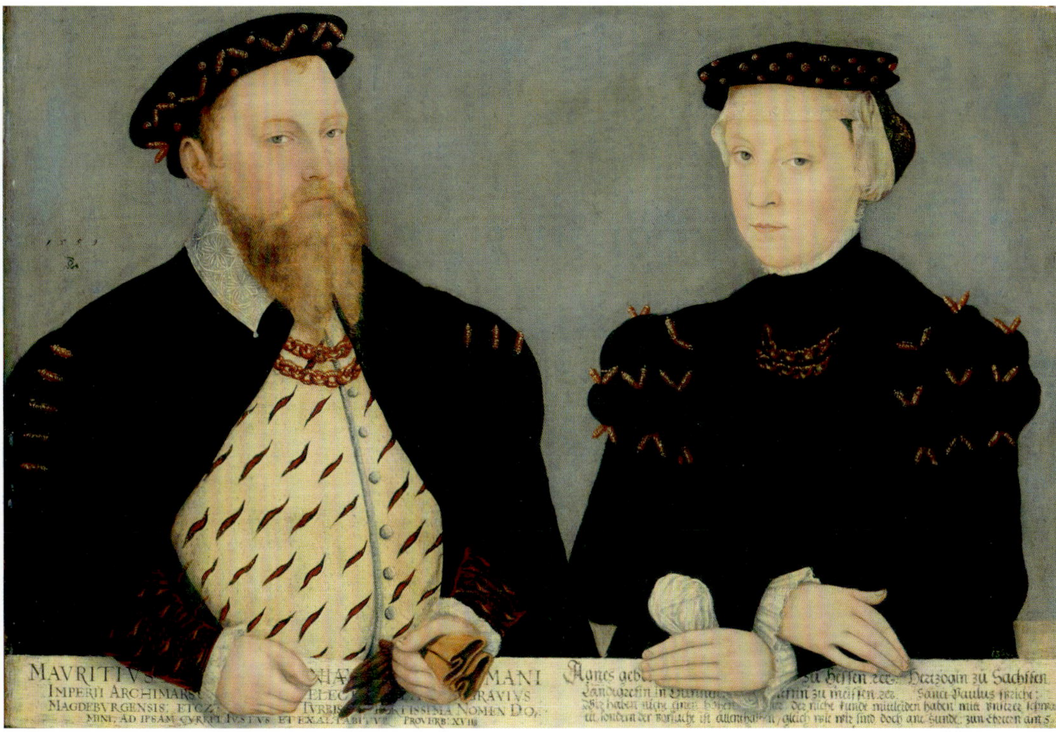

Lucas Cranach d. J., Werkstatt

Martin Luther im Tode, wohl um 1574

Lindenholz, 64 x 50,5 cm

Gal.-Nr. 1955

Während die Bildnisse Luthers als Reformator und Denker zu Hunderten über das ganze protestantische Deutschland verbreitet wurden (S. 54 f.) und – mit Duldung des Theologen, der doch wenig zuvor gegen die Verehrung der Heiligenbilder opponiert hatte – Ikonen- oder propagandistischen Charakter gewannen,[122] ist die Darstellung des Toten im Sterbehemd eher selten geblieben, aber doch auch kein Einzelfall.[123] Der Vergleich mit einer dieser Fassungen, die sich in der Leipziger Universität befindet, zeigt freilich auch die Qualitätsunterschiede. Derartige Bilder von Verstorbenen sind ein in der europäischen Kunstgeschichte wiederkehrendes Thema, doch waren es im 15. Jahrhundert vor allem Szenen wie der Marientod, nicht aber Todesbildnisse von Zeitgenossen, und im 19. Jahrhundert dann meist verklärende Bildnisse zu Erinnerungszwecken. Erst nach 1900, in der Kunst Max Beckmanns oder Ferdinand Hodlers etwa, werden der schmerzliche Todesweg und der alsbaldige Verfall thematisiert. Für die Zeit Cranachs und namentlich bei dem Bild Luthers steht nicht die Endlichkeit menschlichen Lebens im Vordergrund, sondern es handelt sich hier um eine geradezu kirchenpolitische Heilsbotschaft, denn »die Katholischen hatten vorausgesagt, es werde ein schrecklicher, qualvoller Tod werden«:[124] Schon die rein kompositorische Anordnung macht sichtbar, dass Luther in der letzten Stunde, da er ›vor seinen Schöpfer trat‹, dies aufrecht tun konnte, und die friedlichen Züge bei gelassener Körperpräsenz verdeutlichen, dass der Reformator gelassen und reinsten, frommsten Gewissens sterben konnte. Für die pro-reformatorische Propaganda mochte dies erhebliche Bedeutung haben, manifestierte sich doch so post mortem, dass Luther bis zuletzt in seinem Glauben fest war und von Gott gnädig angenommen wurde. Das Werk zielt also nicht auf eine Apotheose, sondern dient der Bekräftigung dessen, dass die Reformation vor Gott bestehen könne – und dass sie auch nach Luthers Tode ungebrochen fortleben konnte. Allenfalls die gezielte Unbestimmtheit, ob Luther in irdische Federkissen oder himmlische Wolken gebettet sei, lässt den Eindruck einer Verklärung aufkommen.

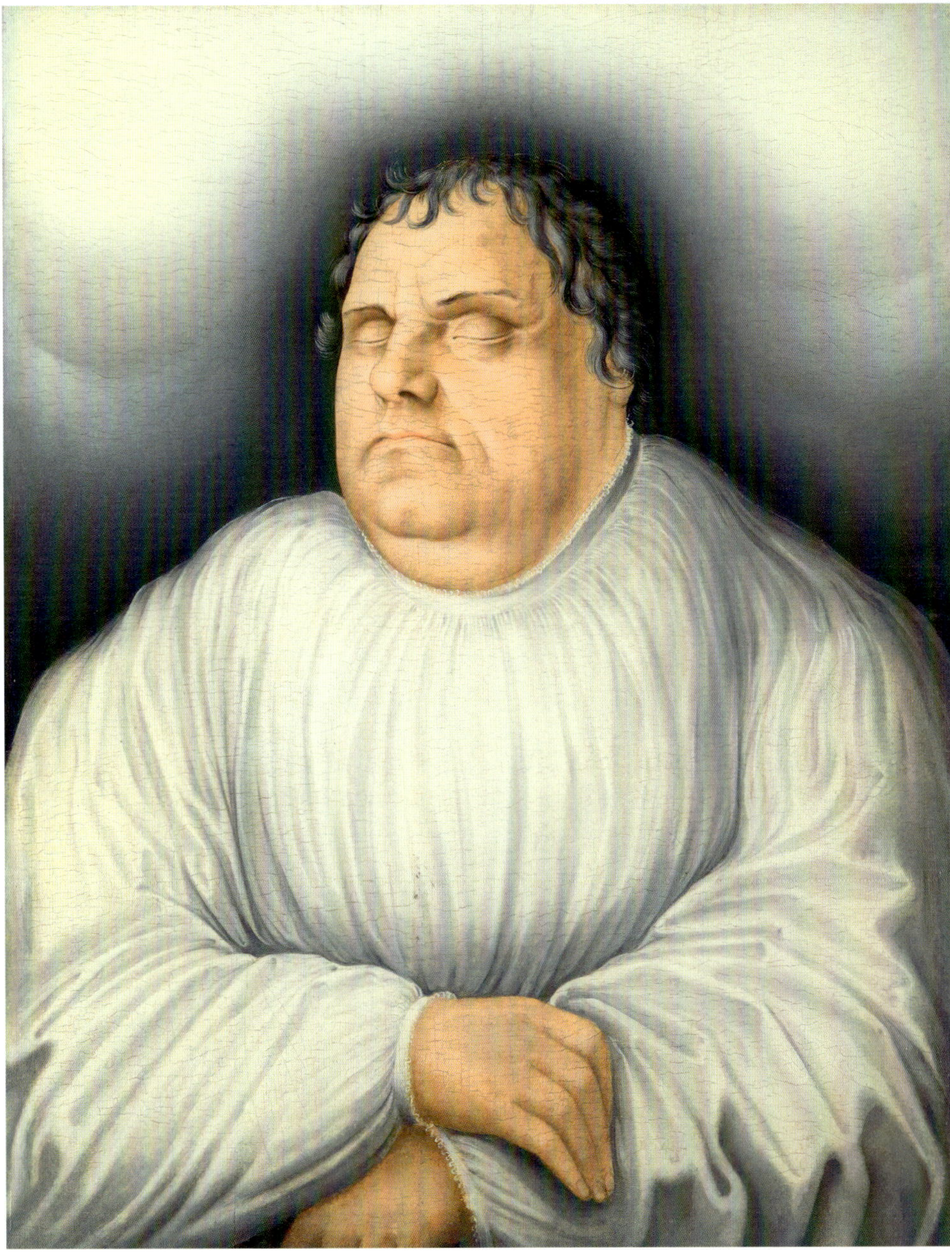

Lucas Cranach d. J., Werkstatt

Dreifaltigkeit, wohl um 1584

Lindenholz, 85 x 74,5 cm

Gal.-Nr. 1953

Der mit wehendem Purpurgewand und Tiara ausgestattete Gottvater trägt den vom Kreuz herabgenommenen, dadurch besonders menschlich wirkenden, an Mitgefühl, ja Mitleid appellierenden Leichnam Christi auf dem Schoß.[125] Über dessen Haupt schwebt die Taube des Heiligen Geistes, um sie herum sind ein goldgelb leuchtender Blick auf die Unendlichkeit des Himmels und einige Wolken gruppiert, in denen sich Engel tummeln, die die Arma Christi tragen. Von links nach rechts in stetiger Folge, so tragen sie die drei Nägel, mit denen die Hände und – überkreuz – die Füße an den Kreuzbalken fixiert waren und deren Dreizahl die Dreifaltigkeit absichtsvoll repetiert, sowie die Geißelsäule. Es folgen ein Engel mit Zange zum Herausziehen der Nägel, einer mit demütig verschränkten Armen und also wohl eher betend, sodann ganz zentral der Engel mit dem Kreuz als dem konfessionell maßgeblichen Sinnbild des Opfertodes und der Auferstehung. Nach einem betenden Engel folgt dann einer mit der Dornenkrone in der rechten und der Geißel in der linken Hand, sodann einer, der den Stab mit jenem Essigschwamm trägt, der Christus in der Sterbestunde am Kreuzgereicht wurde, und noch einer mit jener Lanze, die dazu diente, abschließend die Seitenwunde beizubringen.

Die qualitativen Unterschiede zu manchem Werk der Cranachs fallen rasch ins Auge; so ähneln die Wolken einem sich schlingenden Gedärm, ist der Bart Gottes sehr wattig behandelt, sind die Proportionen Christi teilweise ungelenk erfasst und ist die Anatomie etwa des rechten Armes so auffällig vernachlässigt, dass man – etwa im Vergleich mit den Tafeln »Adam und Eva« (S. 60 f.) – gar zweifeln möchte, ob Cranach d. J. die Entstehung dieses Werkes überhaupt selber überwacht habe.

Die Herzform des Gemäldes folgt einer Tradition, die sich bis zum Holzschnitt der »Verehrung des Herzens Jesu« von Lucas Cranach d. Ä. aus dem Jahre 1505 zurückverfolgen lässt.[126]

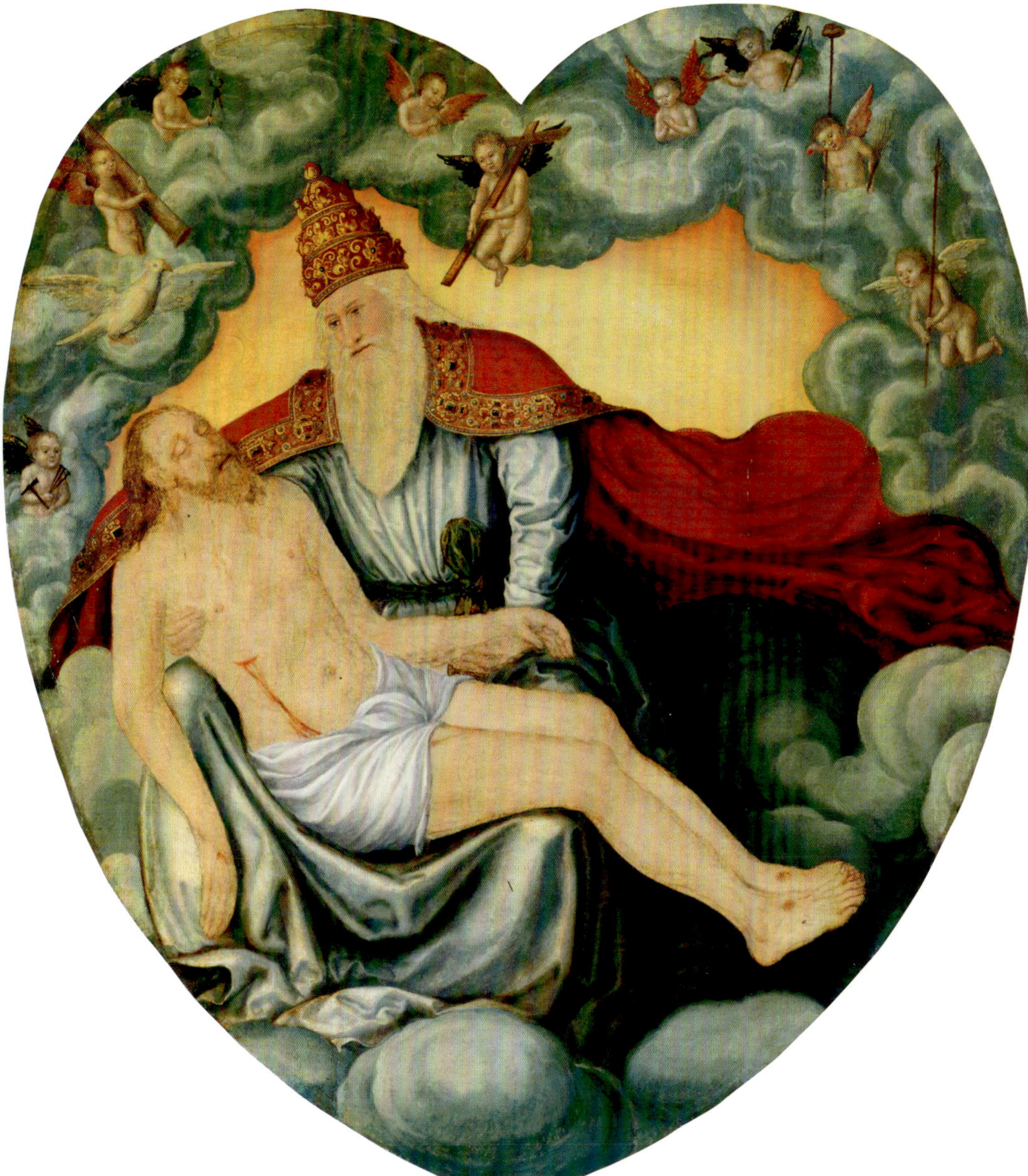

Anmerkungen

1 Zit. nach Heinz Lüdecke (Hrsg.): Lucas Cranach der Ältere im Spiegel seiner Zeit, Berlin 1953, S. 49.

2 Zit. nach ebd., S. 51.

3 Zit. nach ebd., S. 51 f.

4 Gemäldegalerie Berlin, Staatliche Museen zu Berlin. 200 Meisterwerke, Berlin 1998, S. 86 f.

5 Andreas Tacke: Der katholische Cranach, Mainz 1992.

6 Heinz Lüdecke: Lucas Cranach der Ältere. Der Künstler und seine Zeit, Berlin 1953, S. 157, 162, 167, 169, 173.

7 Anne-Marie Bonnet: Der Akt im Werk Lucas Cranachs, in: Claus Grimm, Johannes Erichsen, Evamaria Brockhoff (Hrsg.): Lucas Cranach. Ein Maler-Unternehmer aus Franken, Ausst.-Kat., Augsburg 1994, S. 139–149.

8 Lucas Cranach. Ein grosser Maler in bewegter Zeit, Ausst.-Kat., Weimar 1972, S. 23.

9 Harald Marx, Ingrid Mössinger (Hrsg.): Cranach. Mit einem Bestandskatalog der Gemälde in den Staatlichen Kunstsammlungen Dresden, erarbeitet von Karin Kolb, Chemnitz 2005, hier bes. S. 112–173, 526–572.

10 Walter Schmitz, Jochen Strobel (Hrsg.): Von den herrlichsten Kunstwerken umgeben ... Der Briefwechsel zwischen Johann Wolfgang von Goethe und Johann Gottlob von Quandt, Dresden 2001, bes. S. 6–16.

11 Susanne Heiland: Cranach im Urteil der Kunstgeschichte, in: Lüdecke (wie Anm. 6), S. 140–154, hier S. 147.

12 Marx/Mössinger/Kolb 2005 (wie Anm. 9), S. 502–523.

13 Karl Woermann: Lebenserinnerungen eines Achtzigjährigen, Leipzig 1924, Bd. 2, S. 116.

14 Woermann 1924 (wie Anm. 13), S. 195.

15 Deutsche Kunst-Ausstellung Dresden 1899. Abteilung Cranach-Ausstellung, Ausst.-Kat., Dresden 1899, S. 3.

16 Hans Rosenhagen (Hrsg.): Studien von Richard Muther, Berlin 1925, S. 11.

17 In: Muther 1925 (wie Anm. 16), S. 11.

18 Katalog der Königlichen Gemäldegalerie zu Dresden von Karl Woermann. Grosse Ausgabe, Dresden 1908, S. 618–636.

19 Zit. nach Diether Schmidt (Hrsg.): Manifeste Manifeste. Schriften deutscher Künstler des zwanzigsten Jahrhunderts, Bd. 1, Dresden 1965, S. 46.

20 Schmidt 1965 (wie Anm. 19), S. 47.

21 Lothar-Günther Buchheim: Die Künstlergemeinschaft Brücke, Dresden 1957, S. 106.

22 Marx/Mössinger/Kolb 2005 (wie Anm. 9), S. 64–76.

23 Werner Schade, Ortrud Westheider, Silke Schuck (Hrsg.): Lucas Cranach. Glaube, Mythologie und Moderne, Ausst.-Kat., Hamburg 2003, S. 185.

24 Max Beckmann. Die Realität der Träume in den Bildern. Aufsätze und Vorträge. Aus Tagebücher, Briefen, Gesprächen, Leipzig 1984, S. 62.

25 Carla Schulz-Hoffmann, Judith C. Weiss (Hrsg.): Max Beckmann. Retrospektive, Ausst.-Kat., München 1984, S. 202–207.

26 Zit. nach Diether Schmidt (Hrsg.): In letzter Stunde. Schriften deutscher Künstler des zwanzigsten Jahrhunderts, Bd. 2, Dresden 1964, S. 214.

27 Wilhelm Hausenstein: Die bildende Kunst der Gegenwart, Berlin/Leipzig 1923, S. 40.

28 Staatliche Museen zu Berlin. Cranach-Ausstellung. Lucas Cranach d. Ä. und Lucas Cranach d. J., Gemälde – Zeichnungen – Graphik. Ausst.-Kat., Berlin 1937, o. S.

29 Ebd.

30 Birgit Schwarz: Geniewahn. Hitler und die Kunst, Wien/Köln/Weimar 2009, S. 230–233.

31 Heinz Lüdecke: Lucas Cranach, Berlin 1974, S. 5.

32 Henner Menz: Gemäldegalerie Dresden. Alte Meister, Dresden (5. Auflage) 1960, S. 15.

33 Gerd Bartoschek u. a.: Cranach und die Kunst der Renaissance unter den Hohenzollern. Kirche, Hof und Stadtkultur, Berlin/München 2009.

34 Marx/Mössinger/Kolb 2005 (wie Anm. 9), S. 366–371.

35 Ebd., S. 366–370.

36 Zit. nach Georg Minde-Pouet (Hrsg.): Heinrich von Kleists Werke, Bd. 5, Leipzig/Wien o. J. [um 1910], S. 112.

37 Marx/Mössinger/Kolb 2005 (wie Anm. 9), S. 378–387.

38 Harald Marx u. a.: Staatliche Kunstsammlungen Dresden – Gemäldegalerie Alte Meister. Lucas Cranach der Ältere. Der linke Flügel (Innenseite) des Katharinenaltars von 1506, Berlin/Dresden 1996, S. 38 f.

39 Ebd., S. 38 f.

40 Marx/Mössinger/Kolb 2005 (wie Anm. 9), S. 383.

41 Ebd., S. 424–431.

42 Ebd., S. 512–523.

43 Zit. n. ebd., S. 427.

44 Ebd., S. 450–457.

45 Ebd., S. 453.

46 Philipp Zitzlsperger: Dürers Pelz und das Recht im Bild. Kleiderkunde als Methode der Kunstgeschichte, Berlin 2008, S. 27 f.

47 Marx/Mössinger/Kolb 2005 (wie Anm. 9), S. 454.

48 Ebd., S. 388–393.

49 Anneliese Mayer-Meintschel u. a.: Gemäldegalerie Alte Meister Dresden. Katalog der ausgestellten Werke, Dresden (3. Auflage) 1983, S. 99.

50 Marx/Mössinger/Kolb 2005 (wie Anm. 9), S. 200–207.

51 Paula Modersohn-Becker: Briefe und Aufzeichnungen, Leipzig/Weimar 1982, S. 68.

52 Ebd., S. 356.

53 Marx/Mössinger/Kolb 2005 (wie Anm. 9), S. 208–217.

54 Bonnet 1994 (wie Anm. 7).

55 Hippolyte Taine: Philosophie der Kunst, Jena 1907, S. 218.
56 Ebd., S. 218 f.
57 Marx/Mössinger/Kolb 2005 (wie Anm. 9), S. 246 – 251.
58 Ebd., S. 282 – 289.
59 Ebd., S. 318 – 325.
60 Ebd., S. 326 – 331.
61 Ebd., S. 332 – 337.
62 Ebd., S. 338 – 343.
63 Ebd., S. 350 – 359.
64 Ebd., S. 354.
65 Ebd., S. 357.
66 Ebd., S. 360 – 365.
67 Ebd., S. 362.
68 Ebd., S. 432 – 437.
69 Zitzlsperger 2008 (wie Anm. 46).
70 Hans Mielke: Albrecht Altdorfer. Zeichnungen, Deckfarbenmalerei, Druckgraphik, Ausst.-Kat., Berlin 1988.
71 Zit. nach Lüdecke 1953 (wie Anm. 1), S. 53.
72 Marx/Mössinger/Kolb 2005 (wie Anm. 9), S. 474 – 479.
73 Ebd., S. 478.
74 Martin Warnke: Cranachs Luther. Entwürfe für ein Image, Frankfurt/Main 1985.
75 Werner Schade: Lucas Cranach der Ältere. Zeichnungen, Leipzig 1972, S. 37.
76 Warnke 1985 (wie Anm. 74), S. 32 f.
77 Regine Otto (Hrsg.): Herders Briefe in einem Band, Berlin/Weimar 1983, S. 177.
78 Paul Pretzsch (Hrsg.): Cosima Wagner und Houston Stewart Chamberlain im Briefwechsel 1888 – 1908, Leipzig 1934, S. 83.
79 Ebd., S. 84.
80 Marx/Mössinger/Kolb 2005 (wie Anm. 9), S. 475 – 479.
81 Ernst Ludwig Heim. Tagebücher und Erinnerungen, Leipzig 1989, S. 96.
82 Felix Klee (Hrsg.): Paul Klee. Briefe an die Familie 1893 – 1940, Bd. 1, Köln 1979, S. 237.
83 Marx/Mössinger/Kolb 2005 (wie Anm. 9), S. 276 – 281.
84 Ebd., S. 210 – 217.
85 Ebd., S. 302 – 311.
86 Ebd., S. 290 – 295.
87 Ebd., S. 293.
88 Ebd., S. 296 – 301.
89 Schade 1972 (wie Anm. 75), S. 40.
90 Marx/Mössinger/Kolb 2005 (wie Anm. 9), S. 230 – 235.
91 Vollmers Wörterbuch der Mythologie, Stuttgart 1874, S. 74.
92 State Pushkin Museum of Art. Catalogue of Painting, Moskau 1995, S. 436.
93 Marx/Mössinger/Kolb 2005 (wie Anm. 9), S. 232 – 245.
94 Harald Marx: »Da fiel das feur des Herrn herab«, in: Harald Marx, Cecilie Hollberg (Hrsg.): Glaube und Macht. Aufsätze, Dresden 2004, S. 11 – 15.
95 Marx/Mössinger/Kolb 2005 (wie Anm. 9), S. 244.
96 Georg J. Reimann: Renaissance, Leipzig 1966, S. 216.
97 Marx/Mössinger/Kolb 2005 (wie Anm. 9), S. 238.
98 Ebd., S. 344 – 349.
99 Reinhold Baumstark: Die Alte Pinakothek, München 2002, S. 36.
100 Marx/Mössinger/Kolb 2005 (wie Anm. 9), S. 488 – 491.
101 Werner Schade: Die Malerfamilie Cranach, Dresden 1974, S. 99.
102 Marx/Mössinger/Kolb 2005 (wie Anm. 9), S. 492 – 497.
103 Walter Schlesinger (Hrsg.): Sachsen. Handbuch der historischen Stätten Deutschlands, Stuttgart 1965, S. 287.
104 Marx/Mössinger/Kolb 2005 (wie Anm. 9), S. 498 – 501.
105 Helmut Holtzhauer, Reiner Schlichting (Hrsg.): Johann Heinrich Meyer. Geschichte der Kunst, Weimar 1974, S. 208.
106 Marx/Mössinger/Kolb 2005 (wie Anm. 9), S. 218 – 223.
107 Ebd., S. 221.
108 Physiologus. Aus dem Griechischen übersetzt und herausgegeben von Ursula Treu, Berlin 1981, S. 38.
109 Marx/Mössinger/Kolb 2005 (wie Anm. 9), S. 221.
110 Brockhaus Conversations-Lexikon. Neunte Auflage, Bd. 8, Leipzig 1845, S. 368 f.
111 Marx/Mössinger/Kolb 2005 (wie Anm. 9), S. 224 – 229.
112 Herbert Haag (Hrsg.): Bibel-Lexikon, Leipzig 1969, Sp. 172.
113 Marx/Mössinger/Kolb 2005 (wie Anm. 9), S. 402 – 407.
114 Ebd., S. 408 – 423.
115 Johann Wolfgang von Goethe: Philostrats Gemählde, in: Goethes Werke, Weimarer Ausgabe (= Sophienausgabe), Abt. 1, Bd. 49.1, S. 61 – 160, hier S. 73.
116 Marx/Mössinger/Kolb 2005 (wie Anm. 9), S. 412.
117 Ebd., S. 412.
118 Joachim G. Boeckh u. a.: Geschichte der deutschen Literatur von 1480 bis 1600, Berlin 1961, S. 461.
119 Dieter Koepplin: Ein Cranach-Prinzip, in: Schade/Westheider/Schuck 2003 (wie Anm. 23), S. 144 – 165.
120 Marx/Mössinger/Kolb 2005 (wie Anm. 9), S. 444 – 449.
121 Ebd., S. 447.
122 Warnke 1985 (wie Anm. 74), S. 62 – 64.
123 Marx/Mössinger/Kolb 2005 (wie Anm. 9), S. 480 – 487.
124 Warnke 1985 (wie Anm. 74), S. 59.
125 Marx/Mössinger/Kolb 2005 (wie Anm. 9), S. 372 – 377.
126 Johannes Jahn: Lucas Cranach d. Ä. Das gesamte graphische Werk, München 1972, S. 320.

Summary

Alongside Albrecht Dürer, Lucas Cranach belongs to German painters of the Renaissance who have remained well-known and popular to this day. These two painters and graphic artists certainly defined the view of their epoch more than any other artists. Their enormous impact and their posthumous reputations were largely based on the fact that they had already achieved a wide sphere of influence during their lifetimes due to the new print media available; that their works were celebrated, praised and desired for their artistic qualities; that these artists served the most powerful patrons; and that they played a part in establishing a close network of pan-European artistic exchange. However, Dürer's œuvre is smaller – not least, on account of his shorter lifespan – and because Lucas Cranach the Elder's œuvre was more strongly characterized by the immense production of his workshop, which occasionally makes it difficult to separate paintings by his own hand beyond all doubt from those of his assistants, or even those of his prolific son, Lucas Cranach the Younger. Consequently, in the widely diversified selection of the catalogue, importance has also been placed on this workshop being presented in its entirety, using inventory found in the Gemäldegalerie Alte Meister (Old Masters Picture Gallery). Noting that there are further Cranach works in the Kupferstich-Kabinett (Collection of Prints, Drawings and Photographs) and the Rüstkammer (Armory) of the Staatliche Kunstsammlungen Dresden (Dresden State Art Collections) is to touch on only half of their completeness.

This small book is substantially based on the primary inventory catalogue Karin Kolb compiled years ago, which was published in 2005 within the exhibition catalogue »Cranach. Gemälde aus Dresden« by Harald Marx and Ingrid Mössinger. All of its exemplary collected information about provenances, former presentations, debates about genuineness, variants, copies, infrared examinations and conservation conditions are gratefully acknowledged here. The author has gladly and nearly completely relied on that opulent catalogue with regard to titles, attributions and dates. The small book presented is geared toward a broad readership and aims to establish a wider circulation of the images. It is addressed to a diverse audience, who will surely prove numerous for the greatly popular paintings of Lucas Cranach the Elder and Lucas Cranach the Younger. Special attention has been placed on ideological connections, questions concerning motifs and the later reception of the Cranachs, but not on any definitiveness of the presentation or of all the facts.

This book is published in conjunction with an exhibition of the Dresden Cranach inventory in 2010, in which nearly all of the works at the Gemäldegalerie Alte Meister are shown. Only a few images are missing, because they are engaged elsewhere or could not be adapted to the concept. This Cranach presentation in the Gobelin Hall and the adjacent side rooms temporarily makes apparent the sheer wealth of works available, as well as how important a permanent installation in its own space would be, although lacking at present. It is indisputable that this uniquely comprehensive Cranach collection has the highest relevance as a historically brilliant document from the era of humanism and the Reformation for completing our knowledge of this period of change. It is also unmistakably obvious that it needs to be shown permanently in Dresden, where, in rival development of the Ernestine and Albertine branches of the House of Wettin, these works have always belonged to the regional and local ideological, religion and collection histories.

Lucas Cranach was born in the Franconian town of Kronach in 1472. He received his first training as an artist in his father's workshop, about which nearly nothing is known, and then set out – as was the custom – as a journeyman. He first becomes truly accessible during a several-year stay in Vienna, as a result of some fresh and sublime early works he realized, in which the approximately thirty-year-old painter proved himself to be astonishingly mature. After 1505, the artist was in Wittenberg in the service of Frederick III, Elector of Saxony, also known as Frederick the Wise. Initially concerned with prints, Cranach dedicated himself in the early years to those themes that would occupy him for decades; namely Christian and classical subjects, hunting motifs and portraits. Beginning in 1506, he signed his works with a winged snake (its details were altered in 1537), which became just as recognizable as a seal of quality as Dürer's signature depicting the letters A and D (admittedly often forged). Two years later, in 1508, Cranach received his letters patent authorizing his grant of arms. He began a journey to the Netherlands commissioned by the elector that same year, during which he met Emperor Maximilian and portrayed the later Emperor Charles V as a child. The rank and recognition of the Wittenberg painter can hardly be illustrated more vividly than through his integration into the network of European artistic and diplomatic relationships.

Cranach maintained a printers' shop in Wittenberg, where a university had been founded in 1502. It published his graphics and also produced letterpress printing. He operated a wine bar and a pharmacy with a broad array of goods from his representative estate in the center of town, was repeatedly elected a member to the town council and functioned as Wittenberg's chamberlain. In 1537, he was even elected mayor for the first time. Therefore, he was respected, active in high offices, well-educated and versatile. His diplomatic skills were welcome in both international circles and at the Wettin court.

Beginning in 1515, Cranach devoted himself more strongly to painting, whereas graphics had previously dominated his work. Like Dürer, he created border drawings for Emperor Maximilian's prayer book. Cranach accompanied his elector to the art capital and free city of Nuremberg, where Dürer lived, and met him there. As of 1526, Cranach intensified his painting production once again, and shortly thereafter he began a denser series of paintings of nudes with mythological motifs, including his especially well-known, full-figure paintings of Venus and of nymphs. Cranach's close relationship to Martin Luther can be documented as of 1520. He portrayed the reformer for the first time that year, when the latter accepted the role as godfather in Cranach's family. Further portraits followed, often as multiples. His contact was soon equally close to Philipp Melanchthon, who it can be proven provided advice about motifs for Cranach's paintings and therefore undoubtedly contributed substantially to making Cranach's workshop the leading production center of Protestant imagery in Germany, despite occasional work for Roman Catholic patrons. When, during the course of Counter-Reformation conflicts, Elector John Frederick was taken prisoner following the Battle of Mühlberg, Lucas Cranach accompanied him to Augsburg and Innsbruck. The ties of friendship, and the intellectual and spiritual relationship of a court painter to his main patron, could scarcely be manifested more clearly. After the release of John Frederick, who was subsequently demoted to the rank of duke, both men lived in Weimar, where Cranach died in 1553. His son, Lucas Cranach the Younger, carried on the workshop – and also its motifs – for many years. He died in Wittenberg in 1586. An extensive compilation of works of art from his estate entered the Dresden collections, where they continue to provide an exceptional wealth of works made by the Cranach family.

Резюме

Лукас Кранах и Альбрехт Дюрер принадлежат к тем немецким художникам эпохи Возрождения, которые и до сегодняшнего дня не потеряли всеобщую популярность и любовь публики. Пожалуй, эти два живописца и графика сильнее всех других художников повлияли на образ эпохи. Сила их воздействия и неувядающая слава покоятся в большой степени на следующих обстоятельствах. Они пользовались возможностями новой тогда техники печатной графики, что помогло им уже при жизни широко распространять свои произведения. Высокий художественный уровень привел к высокому спросу на эти произведения, соответственно росла и слава художников. Они работали для самых богатых заказчиков и сумели вписаться в плотную сеть общеевропейского художественного обмена. Творчество Дюрера меньше по объему – не в последнюю очередь из-за его более короткой жизни. Творчество Лукаса Кранаха старшего стоит под знаком огромной продукции его мастерской, что иногда трудно безошибочно определить, какие картины были написаны им самим, а какие вышли из-под рук его помощников, либо его очень плодовитого сына, Лукаса Кранаха младшего. Таким образом, кажется очень важным тот факт, что предлагаемый вниманию читателя обширный каталог, подготовленный на основе произведений, находящихся в собрании Картинной галереи Старых мастеров, представляет работу всей мастерской. Упомянем еще, что работы Кранаха имеются также в коллекциях Гравюрного кабинета и Оружейной палаты, входящих в состав Государственных художественных собраний Дрездена.

Эта книжка в значительной степени базируется на фундаментальном каталоге наличных картин, разработанном много лет назад Катрин Кольб и опубликованном в 2005 г. как часть подготовленного Харальдом Марксом и Ингрид Мёссингер каталога выставки „Кранах. Картины из Дрездена". Мы хотели бы здесь с благодарностью указать на образцово собранные в нем сведения о провенансе, о предыдущих выставках и дискуссиях, о подлинности, о вариантах и копиях, об исследованиях в инфракрасном свете, о сохранности картин. В названиях, аттрибуциях и датировках автор почти полностью опирается на вышеназванный каталог. Целью предлагаемой книжки является, с одной стороны, обращение к широкому кругу читателей и дальнейшее распространение изобразительного материала – с другой издание адресовано широкой публике, тем многочисленным любителям искусства, которых, несомненно, заинтересует живопись Лукаса Кранаха, как старшего, так и младшего. Упор здесь делается на выявление исторических взаимосвязей, на сюжетах картин и на восприятии Кранаха следующими поколениями. Автор не стремится к исчерпывающей полноте представления творчества художника и фактов.

Эта книга выходит по случаю организуемой в 2010 г. выставки Дрезденской коллекции Кранаха, где представлены почти все произведения из Картинной галереи Старых мастеров. Отсутствуют только несколько работ, которые либо находились на других местах, либо не могли войти в концепцию выставки. Этот временный показ Кранаха в Зале Гобеленов и в прилежащих к нему помещениях наглядно демонстрирует, каким сокровищем обладает музей и какой первостепенной важностью была бы подобная постоянная экспозиция, в специальных пока все еще не существующих помещениях. Несомненно, что уникальная коллекция работ Кранаха является выдающимся историческим документом, существенным для понимания такой переломной эпохи, как эпоха Гуманизма и Реформации. Произведения Кранаха неразрывно связаны с историей становления духовности, религии и коллекционирования в Дрездене и Саксонии, развивавшейся на фоне соперничества эрнестинской и альбертинской линиями династии Веттинов. Они должны найти свое постоянное место в музейной жизни Дрездена.

Лукас Кранах родился в 1472 г. во франконском городе Кронахе и получил начальное художественное образование в мастерской своего отца, о которой почти ничего не известно. Затем, как тогда было принято, отправился странствовать. Несколько лет он провел в Вене, где возникли свежие по духу и утонченные по исполнению ранние произведения. В них тридцатилетний художник показывает себя удивительно зрелым мастером. С 1505 г. Кранах служил при дворе саксонского курфюрста Фридриха III Мудрого в Виттенберге. Вначале он работал в основном в технике печатной графики, посвящая себя уже с первых лет тем темам, которые занимали его и в последующие десятилетия – христианским и античным сюжетам, охотничьим мотивам и портретам. С 1506 г. он начал помечать свои картины монограммой с изображением крылатой змеи (в 1537 г. изменил некоторые детали), которая стала его опознавательным знаком, каким для Дюрера была (правда, часто подделываемая) подпись из букв А и Д. В 1508 г. Кранах получил право на фамильный герб и в том же году отправился по поручению курфюрста в Голландию, где, между прочим, встречался с императором Максимилианом и написал портрет будущего императора Карла V ребенком. Факт его включения в систему европейских художественно-дипломатических отношений лучше всего показывает ранг и степень признания виттенбергского живописца.

В Виттенберге, где в 1502 г. открылся университет, у Кранаха была собственная типография, в которой он печатал свои графические работы и занимался книгопечатанием. В своем представительном доме в центре города он содержал винную лавку, а также аптеку с большим набором товаров. Кранах многократно выбирался членом городского совета и занимал пост городского казначея. В 1537 г. его выбрали бургомистром Виттенберга. Другими словами, он был всесторонне образованным человеком, занимал высокие посты и пользовался всеобщим признанием как на международной арене, так и при дворе Веттинов.

С 1515 г. графика, которая раньше преобладала в творчестве Кранаха, начала уступать место живописи. Как и Дюрер, с которым Кранах познакомился во время совершенной вместе с курфюрстом поездки в Нюрнберг, где тот жил, он исполнил рисунки на полях молитвенника императора Максимилиана. Еще активнее он начал заниматься живописью после 1526 г. когда в тесной последовательности появились картины на мифологические темы с обнаженными фигурами , в частности, очень популярные изображения в рост Венеры и нимф. Данные о тесных связях Кранаха с Мартином Лютером существуют, начиная уже с 1520 г. Впервые Кранах писал портрет Лютера в том же году, когда тот выступил в роли восприемника в семье Кранахов; за ним последовали многочисленные, часто повторяемые портреты. Таким же тесным был и контакт с Филиппом Меланхтоном, о котором бесспорно известно, что он давал советы Кранаху по выбору мотивов для его картин. Таким образом, Меланхтон внес существенный вклад в превращение мастерской Кранаха, где изредка исполнялись и заказные работы для католических кругов, в ведущий для формирования протестантского визуального мира центр в Германии. Когда, во время антиреформаторского движения, после битвы под Мюльбергом, курфюрст Иоганн Фридрих попал в плен, Лукас Кранах последовал за ним в Аугсбург и Иннсбрук в качестве сопровождающего. Это лучшее доказательство дружеских отношений, а также интеллектуальной и религиозной близости между придворным художником и его основным заказчиком. После освобождения Иоганна Фридриха и его понижения в ранг герцога, оба поселились в Веймаре, где Лукас Кранах и скончался в 1553 г. Его сын, Лукас Кранах младший, еще долго руководил мастерской, сохраняя традиции отца при выборе мотивов. Он скончался в Виттенберге, в 1586 г. Большое количество произведений искусства из его наследия попало в Дрезден, где они хранятся и по сей день, составляя уникальное по богатству собрание работ семьи Кранахов.

Bildnachweis

Abb. 1 (S. 7) © Generaldirektion Kulturelles Erbe Rheinland-Pfalz (Direktion Burgen, Schlösser, Altertümer, Schloss Stolzenfels)
Abb. 2 (S. 9) u. 3 (S. 11) © Stiftung Preußische Schlösser und Gärten Berlin-Brandenburg, Fotograf: J. P. Anders
Abb. 4 (S. 12), 5 (S. 13), 6 (S. 14) u. Abb. S. 17–95 © Staatliche Kunstsammlungen Dresden, Gemäldegalerie Alte Meister, Estel/Klut.

Werkregister

Personenregister

Impressum

Bibliographische Information der Deutschen Nationalbibliothek
Die Deutsche Nationalbibliothek verzeichnet diese Publikation in der Deutschen Nationalbibliografie; detaillierte bibliografische Daten sind im Internet über http://dnb.d-nb.de abrufbar.

Herstellung: Jens Möbius

Gestaltung: Barbara Criée, Berlin

Lithographie: DZA Satz und Bild GmbH, Altenburg

Druck und Bindung: DZA Druckerei zu Altenburg, Altenburg

ISBN 978-3-422-07009-7